PONS

W0470449

Verbtabellen Plus FRANZÖSISCH

Alle Verbformen und wie man sie richtig anwendet

von
Isabelle Langenbach
Dr. Pascale Rousseau

Ernst Klett Sprachen GmbH
Barcelona • Belgrad • Budapest • Ljubljana • London • Posen • Prag
Sofia • Stuttgart • Zagreb

PONS
Verbtabellen Plus
FRANZÖSISCH

Alle Verbformen und wie man sie richtig anwendet

von
Isabelle Langenbach
Dr. Pascale Rousseau

Auflage A1 5 4 3 2 1 / 2010 2009 2008 2007

Internet: www.pons.de
E-Mail: info@pons.de

Redaktion: Regina Reinboth-Kämpf
Logoentwurf: Erwin Poell, Heidelberg
Logoüberarbeitung: Sabine Redlin, Ludwigsburg
Titelfoto: Vlado Golub, Stuttgart
Einbandgestaltung: Schmidt & Dupont, Stuttgart
Layout/Satz: Satzkasten, Stuttgart
Druck: Legoprint
Printed in Germany.
ISBN: 978-3-12-561351-5

Inhalt

So benutzen Sie dieses Buch

Die PONS Verbtabellen Plus Französisch bieten Ihnen übersichtliche Konjugationstabellen zu 75 regelmäßigen und unregelmäßigen Musterverben, einem reflexiven Verb und zum Passiv. Diese Konjugationsmuster zeigen Ihnen alle Formen – auch die zusammengesetzten – auf einen Blick; auf Besonderheiten wird durch farbliche Hervorhebung und praktische Faustregeln hingewiesen.

Passend zur Konjugationstabelle auf der linken Seite erhalten Sie auf der rechten Seite zahlreiche Informationen zur Verwendung der Verben: Beispielsätze, häufige Wendungen, häufige Verben, die ähnlich konjugiert werden, Besonderheiten zur Konjugation und nützliche Tipps, die Ihnen beim Lernen der Konjugation dieser Verben helfen sollen.

Aufbau der Konjugationstabellen

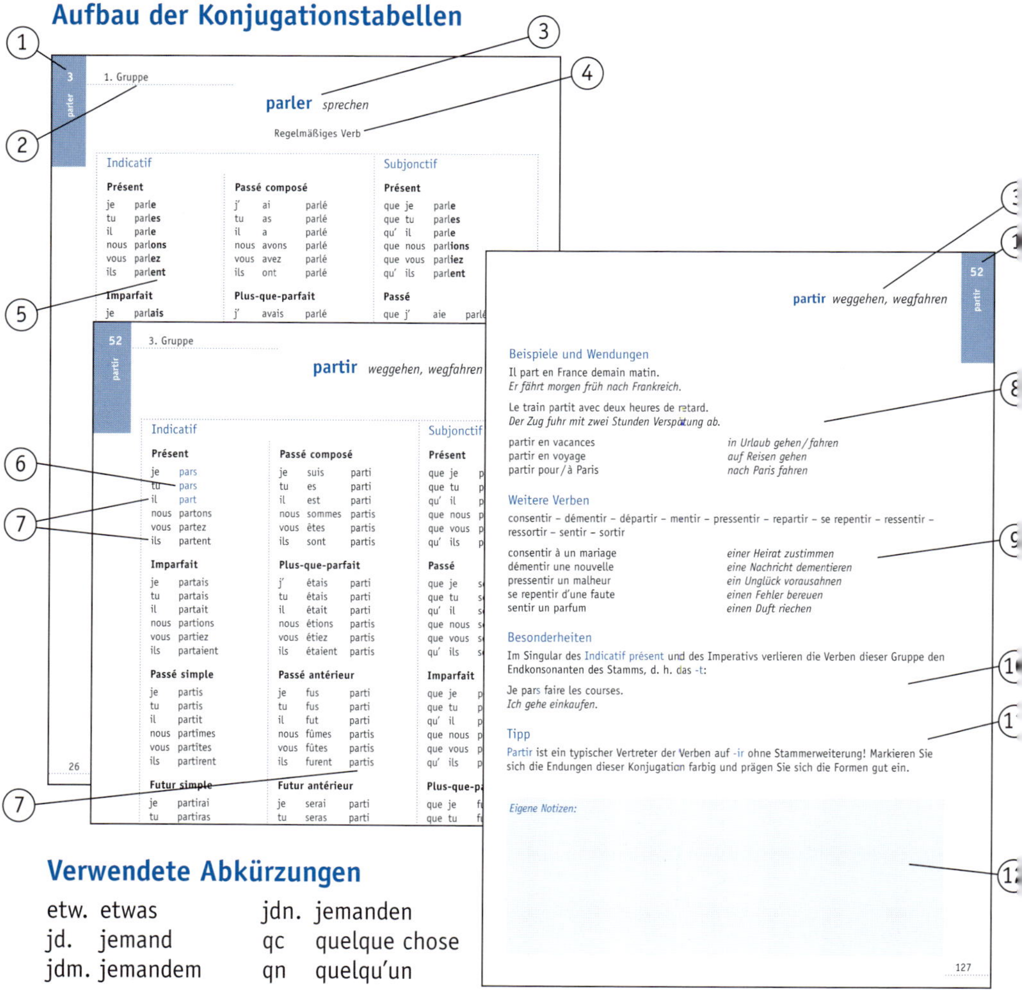

Verwendete Abkürzungen

etw.	etwas	jdn.	jemanden
jd.	jemand	qc	quelque chose
jdm.	jemandem	qn	quelqu'un

① Konjugationsnummer: Mit Hilfe dieser Nummer lassen sich alle in der Verbliste aufgeführten Verben dem jeweils entsprechenden Konjugationsmuster zuordnen.

② Verbgruppe: Gibt an, zu welcher der drei französischen Verbgruppen das Musterverb gehört: 1. Gruppe: Verben auf -er
2. Gruppe: Verben auf -ir mit Stammerweiterung
3. Gruppe: alle anderen Verben

③ Musterverb mit Übersetzung: Verb, das exemplarisch für alle ähnlichen Verben (mit gleicher Konjugationsnummer) steht.

④ Kurzcharakteristik: Merksatz zu den Besonderheiten / Unregelmäßigkeiten des Konjugationsmusters.

⑤ Markierung der Endungen: Bei den regelmäßigen Musterverben der 1. Gruppe parler (Nr. 3) und der 2. Gruppe finir (Nr. 17) sind die Endungen – Kennzeichen dieser Verbgruppen – fett hervorgehoben.

⑥ Farbliche Hervorhebung: Alle Formen, die vom regelmäßigen Konjugationsschema abweichen, sind blau hervorgehoben.

⑦ Verzicht auf feminine Formen: Aus Gründen der Übersichtlichkeit wird in der 3. Person Singular und Plural nur die maskuline Form des Personalpronomens (il, ils) angegeben. Ebenso wurde bei den zusammengesetzten Zeiten der mit être konjugierten Verben lediglich die maskuline Form des Partizips aufgenommen (nous sommes allés anstatt nous sommes allé(e)s). Unter dem Participe passé ist jedoch stets dessen feminine Form angeführt – sofern es eine gibt.

⑧ Beispiele und Wendungen: Zu jedem konjugierten Verb auf der linken Seite finden Sie hier rechts nützliche Anwendungsbeispiele und Wendungen.

⑨ Weitere Verben: Diese Verben werden wie das Musterverb links konjugiert. Bei häufig zu findenden Konjugationsmustern handelt es sich dabei lediglich um eine Auswahl der geläufigsten Verben.

⑩ Besonderheiten: Hier erhalten Sie Erklärungen zu Besonderheiten bei Konjugation oder Gebrauch dieser Verben.

⑪ Tipp: Weiterführende Tipps sollen Ihnen das Lernen der Verben erleichtern.

⑫ Eigene Notizen: Hier haben Sie Platz für Ihre eigenen Notizen, um beispielsweise die Tipps gleich umzusetzen oder um weitere Verben oder nützliche Wendungen zu notieren.

In der alphabetischen Verbliste am Ende der PONS Verbtabellen Plus Französisch finden Sie weitere regelmäßige und unregelmäßige Verben mit Verweis auf das Konjugationsmuster, nach dessen Vorbild die Formen des gesuchten Verbs gebildet werden. Zusätzlich informiert Sie diese Liste über die Verwendung von avoir und être.

Übrigens: Die Grammatik bietet Ihnen einen systematischen Überblick über die Zeiten und Modi in Konjugation und Anwendung. Und auf den Seiten 183 bis 189 helfen Ihnen nochmals zahlreiche Beispielsätze bei der Wahl der richtigen Präpositionen für die häufigsten französischen Verben.

Grammatikbegriffe im Überblick

Französisch	*Latein*	*Deutsch*
accent circonflexe	Zirkumflex	–
auxiliaire	Hilfsverb	Hilfszeitwort
cédille	Cedille	–
conditionnel passé	≈ Konditional II	Bedingungsform II
conditionnel présent	≈ Konditional I	Bedingungsform I
conjugaison	Konjugation	Beugung des Zeitworts
consonne	Konsonant	Mitlaut
désinence	–	Endung
féminin	feminin	weiblich
futur antérieur	Futur II	vollendete Zukunft
futur simple	Futur I	Zukunft
imparfait	≈ Imperfekt	unvollendete Vergangenheit
impératif	Imperativ	Befehlsform
indicatif	Indikativ	Wirklichkeitsform
infinitif	Infinitiv	Grundform des Zeitworts
masculin	maskulin	männlich
participe passé	Partizip Perfekt	Mittelwort der Vergangenheit
participe présent	Partizip Präsens	Mittelwort der Gegenwart
passé antérieur	≈ Plusquamperfekt II	Vorvergangenheit II
passé composé	≈ Perfekt	vollendete Gegenwart
passé simple	≈ historisches Perfekt	–
passif	Passiv	Leideform
pluriel	Plural	Mehrzahl
plus-que-parfait	Plusquamperfekt I	Vorvergangenheit I
préposition	Präposition	Verhältniswort
présent	Präsens	Gegenwart
pronom	Pronomen	Fürwort
pronom personnel	Personalpronomen	persönliches Fürwort
radical	–	Stamm
singulier	Singular	Einzahl
subjonctif	–	–
temps composé	–	zusammengesetzte Zeit
temps simple	–	einfache Zeit
terminaison	–	Endung
tréma	Trema	–
verbe	Verb	Zeitwort
verbe défectif	defektives Verb	unvollständiges Zeitwort
verbe impersonnel	unpersönliches Verb	unpersönliches Zeitwort
verbe irrégulier	unregelmäßiges Verb	unregelmäßiges Zeitwort
verbe pronominal	reflexives Verb	rückbezügliches Zeitwort
verbe régulier	regelmäßiges Verb	regelmäßiges Zeitwort
voix passive	Passiv	Leideform
voyelle	Vokal	Selbstlaut

Das Présent (Präsens)

Die Formen der Verben auf -er

Die regelmäßigen Verben auf -er

Die Verben auf -er machen 90 % der französischen Verben aus und haben die Endungen -e, -es, -e, -ons, -ez, -ent.

Allerdings kann man in der gesprochenen Sprache nur die Endungen -ons und -ez hören, da alle anderen Endungen fast stumm sind.

parler	
je	parle
tu	parles
il / elle / on	parle
nous	parlons
vous	parlez
ils / elles	parlent

Die Verben auf -er mit Besonderheiten in der Schreibweise

1. Bei Verben auf -cer und -ger verändert sich vor -o das -c- zu -ç- und das -g- zu -ge-.

commencer		manger	
je	commence	je	mange
tu	commences	tu	manges
il / elle / on	commence	il / elle / on	mange
nous	commençons	nous	mangeons
vous	commencez	vous	mangez
ils / elles	commencent	ils / elles	mangent

2. Bei Verben auf -ayer, -oyer und -uyer wird das -y- in den stammbetonten Formen zu -i- (bei Verben auf -ayer existieren aber auch die Formen mit -y-).

payer		nettoyer		essuyer	
je	paie / paye	je	nettoie	j'	essuie
tu	paies / payes	tu	nettoies	tu	essuies
il / elle / on	paie / paye	il / elle / on	nettoie	il / elle / on	essuie
nous	payons	nous	nettoyons	nous	essuyons
vous	payez	vous	nettoyez	vous	essuyez
ils / elles	paient / payent	ils / elles	nettoient	ils / elles	essuient

Die Verben auf -er mit stamm- und endungsbetonten Formen

Bei Verben mit stammbetonten und endungsbetonten Formen sind immer:
- stammbetont: 1., 2. und 3. Person Singular und 3. Person Plural
- endungsbetont: 1. und 2. Person Plural.

1. acheter		2. jeter		3. préférer	
j'	achète	je	jette	je	préfère
tu	achètes	tu	jettes	tu	préfères
il / elle / on	achète	il / elle / on	jette	il / elle / on	préfère
nous	achetons	nous	jetons	nous	préférons
vous	achetez	vous	jetez	vous	préférez
ils / elles	achètent	ils / elles	jettent	ils / elles	préfèrent

Zu 1:
Bei manchen Verben mit stamm- und endungsbetonten Formen (acheter, enlever, lever, mener, peser...) erhält das -e- des Stamms einen Akzent, wenn man die Endung fast nicht hört.

Zu 2:
Bei manchen Verben mit stamm- und endungsbetonten Formen (jeter, s'appeler, se rappeler, épeler, projeter...) wird das -t- des Stamms verdoppelt, wenn man die Endung fast nicht hört.

Zu 3:
Bei Verben auf -é...er (préférer, compléter, espérer, répéter, exagérer...) erhält das -e- des Stamms einen Accent grave (-è-), wenn man die Endung fast nicht hört.

Die Formen der Verben auf -ir

Die Verben auf -ir werden in Verben mit und ohne Stammerweiterung unterteilt. Insgesamt gibt es ungefähr 300 Verben, die auf -ir enden. Lernen Sie bei jedem Verb, das auf -ir endet, gleich mit, ob es sich um ein Verb mit oder ohne Stammerweiterung handelt.

Die Verben auf -ir mit Stammerweiterung

Die Verben auf -ir mit Stammerweiterung haben im Präsens folgende Endungen:
-s, -s, -t, -ons, -ez, -ent.

Außerdem wird in der 1., 2. und 3. Person Plural -iss- vor der Endung eingefügt.

finir	
je	finis
tu	finis
il / elle / on	finit
nous	finissons
vous	finissez
ils / elles	finissent

Die Verben auf -ir ohne Stammerweiterung

Die Verben auf -ir ohne Stammerweiterung haben im Präsens die gleichen Endungen (ohne -iss-) wie die Verben mit Stammerweiterung: -s, -s, -t, -ons, -ez, -ent.

In der 1., 2. und 3. Person Singular fällt der Endkonsonant des Stamms weg.

partir	
je	pars
tu	pars
il / elle / on	part
nous	partons
vous	partez
ils / elles	partent

Die Formen der Verben auf -re

Diese Verbgruppe umfasst ungefähr 180 Verben, von denen viele unregelmäßig sind. Es ist deshalb ratsam, zu jedem neu gelernten Verb die Konjugation gleich mitzulernen.

1. lire		2. attendre	
je	lis	j'	attends
tu	lis	tu	attends
il / elle / on	lit	il / elle / on	attend
nous	lisons	nous	attendons
vous	lisez	vous	attendez
ils / elles	lisent	ils / elles	attendent

Zu 1:
Die Verben auf -re werden zwar meist mit diesen Endungen konjugiert, sie haben aber oft einen unregelmäßigen Stamm, so dass man jedes Verb einzeln lernen muss.

Zu 2:
Bei den Verben auf -dre fällt die Endung -t der 3. Person Singular fort.

Die unregelmäßigen Verben

Die unregelmäßigen Verben finden Sie von A bis Z sortiert in den Konjugationstabellen ab Seite 56.

Die reflexiven Verben

Die reflexiven Verben haben ein Reflexivpronomen bei sich, das sich auf das Subjekt bezieht. Ansonsten werden sie wie alle anderen Verben behandelt.

Die Reflexivpronomen lauten me, te, se, nous, vous und se.
Me, te und se werden vor Vokal oder stummem h zu m', t' und s'.

Im Gegensatz zum Deutschen stehen die Reflexivpronomen im Französischen vor dem konjugierten Verb:

se laver			s'habiller		
je	me	lave	je	t'	habille
tu	te	laves	tu	t'	habilles
il / elle / on	se	lave	il / elle / on	s'	habille
nous	nous	lavons	nous	nous	habillons
vous	vous	lavez	vous	vous	habillez
ils / elles	se	lavent	ils / elles	s'	habillent

Der Gebrauch des Présent

Das Présent wird benutzt, um:

- Vorgänge oder Zustände in der Gegenwart auszudrücken:
  Il fait les courses. — *Er kauft ein.*
  Il a beaucoup d'argent. — *Er hat viel Geld.*
- Wiederholungen und Gewohnheiten zu bezeichnen:
  Tous les jours, je me lève à 6 heures. — *Ich stehe jeden Tag um 6 Uhr auf.*
  Il ne prend jamais de petit-déjeuner. — *Er frühstückt nie.*
- allgemein gültige Dinge zu beschreiben:
  Paris est la capitale de la France. — *Paris ist die Hauptstadt Frankreichs.*

Das Imparfait (Imperfekt)

Bildung des Imparfait:
Stamm der 1. Person Plural Präsens + Endungen -ais, -ais, -ait, -ions, -iez, -aient

regarder	
je	regardais
tu	regardais
il / elle / on	regardait
nous	regardions
vous	regardiez
ils / elles	regardaient

Das Imparfait ist eine lernerfreundliche Zeit, weil nur être unregelmäßig ist:
j'étais, tu étais, il / elle / on était, nous étions, vous étiez, ils / elles étaient

Das Imparfait wird benutzt, um:

- Beschreibungen in der Vergangenheit zu geben:
  Le restaurant était bon marché. *Das Restaurant war preiswert.*
  Il pleuvait toute la journée. *Es regnete den ganzen Tag.*
- Zustände in der Vergangenheit zu beschreiben:
  Autrefois, on n'avait pas de voitures. *Damals hatte man keine Autos.*
- gewohnheitsmäßige Handlungen in der Vergangenheit auszudrücken:
  Quand j'étais petite, je jouais dans le jardin. *Als ich klein war, spielte ich im Garten.*

Das Passé composé (Perfekt)

Die Formen des Passé composé mit avoir und être

Bildung des Passé composé:
Präsensform von avoir / être + Participe passé des Verbs

parler			arriver		
j'	ai	parlé	je	suis	arrivé / arrivée
tu	as	parlé	tu	es	arrivé / arrivée
il / elle / on	a	parlé	il / elle / on	est	arrivé / arrivée / arrivé(e)s
nous	avons	parlé	nous	sommes	arrivés / arrivées
vous	avez	parlé	vous	êtes	arrivés / arrivées
ils / elles	ont	parlé	ils / elles	sont	arrivés / arrivées

Zur Bildung des Participe passé siehe S. 17.

Avoir oder être?

Avoir und être werden im Passé composé anders verwendet als *haben* und *sein* im deutschen Perfekt:

J'ai été à la piscine.	*Ich bin im Schwimmbad gewesen.*
J'ai beaucoup voyagé.	*Ich bin viel gereist.*

1. Die meisten Verben bilden das Passé composé mit avoir:
   j'**ai** préparé, j'**ai** mangé, …

2. Einige wenige Verben bilden das Passé composé mit être:
   - manche Verben der Bewegungsrichtung oder des Verweilens:
     aller, arriver, entrer, partir, rester, rentrer, tomber, venir und revenir
   - naître, devenir, mourir und décéder
   - alle reflexiven Verben: elle s'**est** réveillée, elle s'**est** levée, …

   Vorsicht, wenn ein direktes Objekt folgt, wird das Partizip nicht angeglichen!

Elle s'est lavée.	*Sie hat sich gewaschen.*
aber: Elle s'est lavé les mains.	*Sie hat sich die Hände gewaschen.*

3. Einige wenige Verben bilden das Passé composé mit avoir und être wie monter, descendre, sortir, entrer und rentrer; sie bilden das Passé composé:
   - in der Regel mit être:
     Elle est descendue du train. — *Sie ist aus dem Zug ausgestiegen.*
   - mit avoir, wenn ihnen ein direktes Objekt folgt:
     Elle a descendu la valise du train. — *Sie hat den Koffer aus dem Zug getragen.*

Veränderlichkeit des Partizips bei der Bildung des Passé composé

Wird das Passé composé mit être gebildet, so gleicht sich das Partizip in Geschlecht und Zahl dem Subjekt des Satzes an:

Elle est allée à la plage. — *Sie ist an den Strand gegangen.*

Bezieht sich das Partizip auf ein Subjekt, das aus unterschiedlichem Genus besteht, so richtet es sich nach dem Männlichen:

Frédéric et Sophie sont partis en vacances. — *Frédéric und Sophie sind in Urlaub gefahren.*

Das mit avoir verbundene Participe passé bleibt bei der Bildung des Passé composé in der Regel unverändert: nous **avons vu**.

Geht dem Verb jedoch ein direktes Objekt voraus, so wird das Partizip in Geschlecht und Zahl dem direkten Objekt angeglichen.

Das direkte Objekt kann ein direktes Objektpronomen, z. B. me, te, le, la, nous, vous oder les, sein. Es kann aber auch in Form des Relativpronomens que vorausgehen.

Est-ce que vous avez vu Julie ? — *Haben Sie Julie gesehen?*
Oui, nous l'avons vue. — *Ja, wir haben sie gesehen.*
C'est Julie que nous avons vue. — *Ja, Julie haben wir gesehen.*

Der Gebrauch des Passé composé

Das Passé composé wird benutzt, um:

- einmalige Handlungen und Ereignisse in der Vergangenheit zu erzählen:
  Hier, je suis allé au cinéma. — *Gestern bin ich ins Kino gegangen.*
  Je suis née le 10 mars 1962. — *Ich bin am 10. März 1962 geboren.*

- aufeinander folgende Handlungen, so genannte Handlungsketten, in der Vergangenheit zu erzählen:
  La semaine dernière, Pierre est allé à Strasbourg. Il a fait des courses. Vers 20 heures, il est rentré. — *Letzte Woche ist Pierre nach Straßburg gefahren. Er hat eingekauft. Gegen 20 Uhr ist er zurückgekommen.*

Das Plus-que-parfait (Plusquamperfekt)

Bildung des Plus-que-parfait:
Imparfait von avoir / être + Participe passé des Verbs

lire			rester		
j'	avais	lu	j'	étais	resté / restée
tu	avais	lu	tu	étais	resté / restée
il / elle / on	avait	lu	il / elle / on	était	resté / restée / resté(e)s
nous	avions	lu	nous	étions	restés / restées
vous	aviez	lu	vous	étiez	restés / restées
ils / elles	avaient	lu	ils / elles	étaient	restés / restées

Die Regeln zur Angleichung des Participe passé finden Sie beim Passé composé (S. 12 f.). Dort sehen Sie auch, wann das Plusquamperfekt mit avoir und wann mit être gebildet wird.

Das Plus-que-parfait wird wie im Deutschen gebraucht. Es wird benutzt, um ein Ereignis oder einen Zustand zu bezeichnen, der vor einem anderen Geschehen oder Zustand in der Vergangenheit bereits abgeschlossen war:

Il voulait rendre visite à Christine, mais elle était déjà partie. — *Er wollte Christine besuchen, aber sie war schon weggegangen.*

Das Passé simple (Historisches Perfekt)

Bildung des Passé simple:
- regelmäßige Verben auf -er: Infinitivstamm + -ai, -as, -a, -âmes, -âtes, -èrent
- regelmäßige Verben auf -re und -ir: Infinitivstamm + -is, -is, -it, -îmes, -îtes, -irent
- Einige meist unregelmäßige Verben, so z. B. Verben auf -oire oder -oir, haben folgende Endungen: -us, -us, -ut, -ûmes, -ûtes, -urent.

	parler	attendre	choisir	croire
je/j'	parlai	attendis	choisis	crus
tu	parlas	attendis	choisis	crus
il/elle/on	parla	attendit	choisit	crut
nous	parlâmes	attendîmes	choisîmes	crûmes
vous	parlâtes	attendîtes	choisîtes	crûtes
ils/elles	parlèrent	attendirent	choisirent	crurent

Alle anderen unregelmäßigen Formen können Sie den Konjugationstabellen entnehmen.

Im Deutschen existiert das Passé simple nicht.
Im modernen Französisch der Gegenwart wird das Passé simple immer seltener – fast nur in der geschriebenen Sprache – gebraucht. Es kommt hauptsächlich in literarischen Texten (Romanen, Märchen, Erzählungen), in historischen Texten (Geschichtsbüchern, Biographien) und in Zeitungsartikeln vor. Daher reicht es, wenn Sie seine Formen wiedererkennen und passiv verstehen können.

Das Passé simple hat eine ähnliche Funktion wie das Passé composé und wird verwendet, um Folgendes zu erzählen:
- einmalige Handlungen und Ereignisse in der Vergangenheit:
  Napoléon naquit en 1769. *Napoleon wurde 1769 geboren.*
  Il devint empereur en 1804. *Er wurde 1804 Kaiser.*
- aufeinander folgende Handlungen, Handlungsketten in der Vergangenheit:
  Elle alla au bar. *Sie ging in die Bar.*
  Là, elle but un café crème. *Dort trank sie einen Milchkaffee.*

Das Futur composé (Nahe Zukunft)

Bildung des Futur composé:
Präsensform von aller + Infinitiv des jeweiligen Verbs:
je vais aller, tu vas chercher, il va prendre, nous allons rester, vous allez boire, ils vont faire

Das Futur composé wird verwendet, um Handlungen in der Zukunft bzw. nahen Zukunft zum Ausdruck zu bringen:
Qu'est-ce que tu vas faire maintenant ? *Was wirst du jetzt machen?*
Je vais me coucher. *Ich werde mich hinlegen.*

Es wird in der gesprochenen Sprache häufig verwendet.

Das Futur simple (Futur I)

Bildung der Endungen des Futur simple:
-r- + Präsensformen von avoir, außer bei nous und vous:
-rai, -ras, -ra, -rons, -rez, -ront

Bildung des Futur simple:
- Verben auf -er: 1. Person Singular Präsens + Futurendungen
  Achten Sie besonders auf espérer: tu esp**é**reras!
- Verben auf -re: Infinitivstamm + Futurendungen
- Verben auf -ir : Infinitiv ohne -r- + Futurendungen

regarder		attendre		finir	
je	regarderai	j'	attendrai	je	finirai
tu	regarderas	tu	attendras	tu	finiras
il / elle / on	regardera	il / elle / on	attendra	il / elle / on	finira
nous	regarderons	nous	attendrons	nous	finirons
vous	regarderez	vous	attendrez	vous	finirez
ils / elles	regarderont	ils / elles	attendront	ils / elles	finiront

Bei den unregelmäßigen Formen verändern sich die Stämme, die Futurendungen bleiben erhalten. Sie finden sie in den Konjugationstabellen!

Das Futur simple steht:

- um künftige Ereignisse auszudrücken, auch wenn dafür im Deutschen hin und wieder das Präsens gebraucht wird:
  Demain, je lirai un livre. — *Morgen werde ich ein Buch lesen.*
  J'espère que tu viendras demain. — *Ich hoffe, dass du morgen kommen wirst.*
- im Hauptsatz eines realen Bedingungssatzes:
  Si tu réussis au bac, tu feras des études. — *Wenn du das Abi bestehst, wirst du studieren.*

In der Regel wird das Futur simple in der geschriebenen Sprache verwendet.

Das Futur antérieur (Futur II)

Bildung des Futur antérieur:
Futur simple von avoir / être + Participe passé des Verbs

parler			arriver		
j'	aurai	parlé	je	serai	arrivé / arrivée
tu	auras	parlé	tu	seras	arrivé / arrivée
il / elle / on	aura	parlé	il / elle / on	sera	arrivé / arrivée / arrivé(e)s
nous	aurons	parlé	nous	serons	arrivés / arrivées
vous	aurez	parlé	vous	serez	arrivés / arrivées
ils / elles	auront	parlé	ils / elles	seront	arrivés / arrivées

Das Futur antérieur wird verwendet, um eine Handlung in der Zukunft auszudrücken, die bereits vor einem anderen zukünftigen Ereignis abgeschlossen ist:

Demain, je me reposerai quand j'aurai terminé mon travail.	*Morgen werde ich mich ausruhen, wenn ich meine Arbeit erledigt haben werde.*

Das Conditionnel présent (Konditional I)

Bildung der Endungen des Conditionnel présent:
-r- + Imparfait-Endungen: -rais, -rais, -rait, -rions, -riez, -raient

Bildung des Conditionnel présent:
- Verben auf -er: 1. Person Singular Präsens + Conditionnel-Endungen
  Achten Sie besonders auf espérer: tu esp**é**rerais!
- Verben auf -re: Infinitivstamm + Conditionnel-Endungen
- Verben auf -ir: Infinitiv ohne -r- + Conditionnel-Endungen

regarder		attendre		finir	
je	regarderais	j'	attendrais	je	finirais
tu	regarderais	tu	attendrais	tu	finirais
il / elle / on	regarderait	il / elle / on	attendrait	il / elle / on	finirait
nous	regarderions	nous	attendrions	nous	finirions
vous	regarderiez	vous	attendriez	vous	finiriez
ils / elles	regarderaient	ils / elles	attendraient	ils / elles	finiraient

Bei den unregelmäßigen Formen verändern sich die Stämme, die Endungen des Conditionnel présent bleiben jedoch erhalten. Details finden Sie in den Konjugationstabellen.

Das Conditionnel présent steht:

- bei Ratschlägen, Wünschen, Bitten, Möglichkeiten, Vermutungen:

À ta place, j'achèterais une voiture.	*An deiner Stelle würde ich ein Auto kaufen.*
Il aimerait avoir un chien.	*Er hätte gerne einen Hund.*
Pourriez-vous m'aider ?	*Könnten Sie mir helfen?*
On pourrait faire une excursion.	*Wir könnten einen Ausflug machen.*
Gavarnie serait à 100 km d'ici.	*Gavarnie soll 100 km entfernt sein.*

- im Hauptsatz eines irrealen Bedingungssatzes:

Si j'étais riche, je ne travaillerais pas.	*Wenn ich reich wäre, würde ich nicht arbeiten.*

Das Conditionnel passé (Konditional II)

Bildung des Conditionnel passé:
Conditionnel présent von avoir / être + Participe passé des Verbs

parler			arriver		
j'	aurais	parlé	je	serais	arrivé / arrivée
tu	aurais	parlé	tu	serais	arrivé / arrivée
il / elle / on	aurait	parlé	il / elle / on	serait	arrivé / arrivée / arrivé(e)s
nous	aurions	parlé	nous	serions	arrivés / arrivées
vous	auriez	parlé	vous	seriez	arrivés / arrivées
ils / elles	auraient	parlé	ils / elles	seraient	arrivés / arrivées

Das Conditionnel passé steht im Hauptsatz eines irrealen Bedingungssatzes in der Vergangenheit:

Si j'avais été riche,
j'aurais fait le tour du monde.

Wenn ich reich gewesen wäre,
hätte ich eine Weltreise gemacht.

Das Participe présent (Partizip Präsens)

Bildung des Participe présent:
1. Person Plural Präsens (ohne -ons) + -ant: parlant, dormant, choisissant, ...
Ausnahmen: avoir → ayant, être → étant, savoir → sachant

Das Participe présent wird hauptsächlich in der Schriftsprache verwendet. Es wird anstelle eines Relativsatzes mit qui oder eines Kausalsatzes verwendet:

Elle regarde un film racontant
(= qui raconte) la vie d'un étudiant.

Sie schaut sich einen Film an,
der vom Leben eines Studenten erzählt.

Partant (= comme nous sommes partis) tôt,
nous sommes arrivés à l'heure.

Da wir früh losgefahren sind,
sind wir pünktlich angekommen.

Das Participe passé (Partizip Perfekt)

Bildung des Participe passé:
- Verben auf -er: Endung des Infinitivs -er wird durch -é ersetzt: parl**é**
- Verben auf -ir: Endung des Infinitivs -ir wird durch -i ersetzt: dorm**i**, chois**i**
- Verben auf -re: Endung des Infinitivs -re wird durch -u ersetzt: attend**u**

Die wichtigsten unregelmäßigen Partizipien finden Sie in den einzelnen Konjugationstabellen!

Das Gerundium

Bildung des unveränderlichen Gerundiums:
Präposition en + Participe présent des Verbs:
en étant, en ayant, en regardant, en attendant, en dormant, en finissant, ...

Das Deutsche kennt das Gerundium nicht. Im Französischen wird es sowohl in der gesprochenen als auch in der geschriebenen Sprache verwendet, um Sätze zu verkürzen. Es kann einem zweiten Hauptsatz oder einem Nebensatz entsprechen.

Das Gerundium kann:

- anstelle eines Temporalsatzes die Gleichzeitigkeit zweier Geschehnisse zum Ausdruck bringen:
  En travaillant (= pendant qu'il travaille), il pense aux congés. — *Während er arbeitet, denkt er an den Urlaub.*

- für einen Bedingungssatz stehen:
  En regardant (= s'il regarde) la télé, il ne pourra pas lire de livre. — *Wenn er fernsieht, wird er kein Buch lesen können.*

- für einen Modalsatz stehen, der die Art und Weise ausdrückt:
  Elle a gagné beaucoup d'argent en travaillant comme mannequin. — *Sie hat als Model viel Geld verdient.*

Der Imperativ (Befehlsform)

- Befehl an eine Person: Du-Form = 1. Person Singular Präsens der Verben
- Befehl an eine Gruppe, der man selbst angehört: Wir-Form = 1. Person Plural Präsens
- Befehl an eine Person, die man siezt, oder an mehrere Personen, die man duzt: Sie-Form bzw. Ihr-Form = 2. Person Plural Präsens

Befehl/Aufforderung / Infinitiv	Du-Form	Wir-Form	Sie-Form / Ihr-Form
parler	parle	parlons	parlez
descendre	descends	descendons	descendez
dormir	dors	dormons	dormez
choisir	choisis	choisissons	choisissez
faire	fais	faisons	faites

Ausnahmen: avoir → aie, ayons, ayez; être → sois, soyons, soyez;
savoir → sache, sachons, sachez

Der Subjonctif

Endungen des Subjonctif présent:
Die Endungen der 1. und 2. Person Plural sind Ihnen vom Imparfait her vertraut, die restlichen Endungen entsprechen dem Präsens der Verben auf -er:
-e, -es, -e, -ions, -iez, -ent.
Sie gelten für sämtliche regelmäßigen und unregelmäßigen Verben.

Bildung des Subjonctif présent:
Stamm der 3. Person Plural Präsens + Subjonctif-Endungen

Il veut que j'	attende.
Il veut que tu	attendes.
Il veut qu'il / elle / on	attende.
Il veut que nous	attendions.
Il veut que vous	attendiez.
Il veut qu'ils / elles	attendent.

Der französische Subjonctif darf nicht mit dem deutschen Konjunktiv gleichgesetzt werden.

Der Subjonctif steht im Nebensatz, der durch que eingeleitet wird:

- nach Verben des Wünschens, Verlangens, Wollens und Verbietens (aimer que, attendre que, demander que, interdire que, vouloir que, ...):
  Il veut que tu viennes le voir. *Er will, dass du ihn besuchst.*

- nach Verben des Vorschlagens, Zustimmens, Ablehnens und Verhinderns (accepter que, empêcher que, proposer que, refuser que, ...):
  Je propose que nous allions à la piscine. *Ich schlage vor, dass wir ins Schwimmbad gehen.*

- nach Verben und Ausdrücken des subjektiven Empfindens und der wertenden Stellungnahme (admirer que, avoir honte que, comprendre que, craindre que, ...). Der que-Satz ist in diesem Fall nur möglich, wenn der einleitende Satz und der que-Satz verschiedene Subjekte haben:
  Ne crains-tu pas qu'il prenne froid ? *Fürchtest du nicht, dass er sich erkältet?*

- nach Ausdrücken und Verben des Meinens und Denkens, die verneint sind (ne pas croire que, ne pas espérer que, ne pas trouver que, ...):
  Je ne crois pas qu'il vienne. *Ich glaube nicht, dass er kommt.*

- nach Ausdrücken und Verben des Bezweifelns (douter que, contester que, nier que, ...):
  Je doute que tu aies raison. *Ich bezweifle, dass du Recht hast.*

- nach Ausdrücken mit être oder trouver + Adjektiv, die das subjektive Empfinden oder die wertende Stellungnahme zum Ausdruck bringen (être content que, être déçu que, être désolé que, trouver mauvais que, ...):
  Je trouve triste que vous ne puissiez pas venir. — *Ich finde es traurig, dass ihr nicht kommen könnt.*

- nach unpersönlichen Verben und unpersönlichen Ausdrücken (il est bizarre que, il est bon que, il est important que, il faut que, il importe que, il vaut mieux que, ...):
  Il faut absolument que tu viennes. — *Du musst unbedingt kommen.*

- nach einigen Konjunktionen: à condition que, afin que, avant que ... (ne), bien que, de peur que ... (ne), de crainte que ... (ne), jusqu'à ce que, malgré que, pour que, pourvu que, quoique, sans que, supposé que:
  Avant que tu partes, je vais t'embrasser. — *Bevor du gehst, werde ich dich küssen.*

Der Subjonctif steht auch in einem Relativsatz, wenn etwas als wünschenswert oder hypothetisch erachtet wird. Handelt es sich hingegen um eine Tatsache, so steht der Indikativ:
Il cherche une maison qui soit bon marché. — *Er sucht ein preiswertes Haus.*
aber:
Il a une maison qui est bon marché. — *Er hat ein preiswertes Haus.*

Der Subjonctif passé

Bildung des Subjonctif passé:
Subjonctif-Formen von avoir / être + Participe passé des Verbs

		travailler		sortir	
Il faut	que j' / je	aie	travaillé.	sois	sorti / sortie.
	que tu	aies	travaillé.	sois	sorti / sortie.
	qu'il / elle / on	ait	travaillé.	soit	sorti / sortie / sorti(e)s.
	que nous	ayons	travaillé.	soyons	sortis / sorties.
	que vous	ayez	travaillé.	soyez	sortis / sorties.
	qu'ils / elles	aient	travaillé.	soient	sortis / sorties.

Der Subjonctif passé steht im Nebensatz nach que (siehe oben), wenn der Hauptsatz in der Vergangenheit steht.

In der traditionellen Schriftsprache standen nach einer Zeit der Vergangenheit der Subjonctif imparfait, der sich in der Regel von der 2. Person Singular des Passé simple ableiten lässt, und der Subjonctif plus-que-parfait. In der gesprochenen Sprache kommen diese beiden Modi heute jedoch überhaupt nicht mehr vor, selbst in der gehobenen Schriftsprache wird meist nur noch die 3. Person Singular und Plural verwendet.

Das Passiv

Bildung des Passivs:
Formen von être + Participe passé des Verbs
Das Participe passé richtet sich dabei in Zahl und Geschlecht nach dem Subjekt des Satzes.

je	suis	interrogé / interrogée
tu	es	interrogé / interrogée
il / elle / on	est	interrogé / interrogée / interrogé(e)s
nous	sommes	interrogés / interrogées
vous	êtes	interrogés / interrogées
ils / elles	sont	interrogés / interrogées

Das Passiv kann in verschiedene Zeiten und Modi gesetzt werden:
être (im Präsens / Imparfait / Conditionnel / …) + Participe passé des Verbs:
il a été / était / fut / sera / serait interrogé, il faut qu'il soit interrogé, …

Der Urheber der Handlung wird einfach mit der Präposition par als präpositionale Ergänzung angeschlossen:
Il sera interrogé par la police. *Er wird von der Polizei verhört.*

avoir *haben*

Indicatif

Présent

j'	ai
tu	as
il	a
nous	avons
vous	avez
ils	ont

Passé composé

j'	ai	eu
tu	as	eu
il	a	eu
nous	avons	eu
vous	avez	eu
ils	ont	eu

Imparfait

j'	avais
tu	avais
il	avait
nous	avions
vous	aviez
ils	avaient

Plus-que-parfait

j'	avais	eu
tu	avais	eu
il	avait	eu
nous	avions	eu
vous	aviez	eu
ils	avaient	eu

Passé simple

j'	eus
tu	eus
il	eut
nous	eûmes
vous	eûtes
ils	eurent

Passé antérieur

j'	eus	eu
tu	eus	eu
il	eut	eu
nous	eûmes	eu
vous	eûtes	eu
ils	eurent	eu

Futur simple

j'	aurai
tu	auras
il	aura
nous	aurons
vous	aurez
ils	auront

Futur antérieur

j'	aurai	eu
tu	auras	eu
il	aura	eu
nous	aurons	eu
vous	aurez	eu
ils	auront	eu

Subjonctif

Présent

que	j'	aie
que	tu	aies
qu'	il	aie
que	nous	ayons
que	vous	ayez
qu'	ils	aient

Passé

que	j'	aie	eu
que	tu	aies	eu
qu'	il	ait	eu
que	nous	ayons	eu
que	vous	ayez	eu
qu'	ils	aient	eu

Imparfait

que	j'	eusse
que	tu	eusses
qu'	il	eût
que	nous	eussions
que	vous	eussiez
qu'	ils	eussent

Plus-que-parfait

que	j'	eusse	eu
que	tu	eusses	eu
qu'	il	eût	eu
que	nous	eussions	eu
que	vous	eussiez	eu
qu'	ils	eussent	eu

Conditionnel

Présent

j'	aurais
tu	aurais
il	aurait
nous	aurions
vous	auriez
ils	auraient

Passé

j'	aurais	eu
tu	aurais	eu
il	aurait	eu
nous	aurions	eu
vous	auriez	eu
ils	auraient	eu

Impératif

aie
ayons
ayez

Participe

Présent	Passé
ayant	eu(e)

avoir *haben*

Beispiele und Wendungen

J'ai deux frères.
Ich habe zwei Brüder.

Quelle note est-ce que tu as eu ?
Welche Note hast du bekommen?

avoir peur	*Angst haben*
avoir … ans	*… Jahre alt sein*
avoir faim / soif	*Hunger/ Durst haben*
j'ai froid / chaud	*mir ist kalt/ warm*
avoir mal	*Schmerzen haben*

Besonderheiten

Wie im Deutschen gehört avoir zu den Hilfsverben, die man zur Bildung der zusammengesetzten Zeiten braucht:

Les enfants ont vu le Père Noël pour la première fois !
Die Kinder haben den Weihnachtsmann zum ersten Mal gesehen!

Als Vollverb wird avoir außerdem in der häufig gebrauchten Wendung il y a verwendet, die auch konjugiert werden kann: il y avait, il y aura, …

Il y a dix ans, nous nous sommes rencontrés pour la première fois.
Vor zehn Jahren sind wir uns das erste Mal begegnet.

Tipp

Da avoir ein sehr häufiges Verb ist, sollte man es im Schlaf können! Nehmen Sie sich doch beim Nachsprechen der Konjugation auf und hören es sich dann immer wieder an:
j'ai, tu as, il a, nous avons, …

Eigene Notizen:

être *sein*

Indicatif

Présent

je	suis
tu	es
il	est
nous	sommes
vous	êtes
ils	sont

Passé composé

j'	ai	été
tu	as	été
il	a	été
nous	avons	été
vous	avez	été
ils	ont	été

Imparfait

j'	étais
tu	étais
il	était
nous	étions
vous	étiez
ils	étaient

Plus-que-parfait

j'	avais	été
tu	avais	été
il	avait	été
nous	avions	été
vous	aviez	été
ils	avaient	été

Passé simple

je	fus
tu	fus
il	fut
nous	fûmes
vous	fûtes
ils	furent

Passé antérieur

j'	eus	été
tu	eus	été
il	eut	été
nous	eûmes	été
vous	eûtes	été
ils	eurent	été

Futur simple

je	serai
tu	seras
il	sera
nous	serons
vous	serez
ils	seront

Futur antérieur

j'	aurai	été
tu	auras	été
il	aura	été
nous	aurons	été
vous	aurez	été
ils	auront	été

Subjonctif

Présent

que	je	sois
que	tu	sois
qu'	il	soit
que	nous	soyons
que	vous	soyez
qu'	ils	soient

Passé

que	j'	aie	été
que	tu	aies	été
qu'	il	ait	été
que	nous	ayons	été
que	vous	ayez	été
qu'	ils	aient	été

Imparfait

que	je	fusse
que	tu	fusses
qu'	il	fût
que	nous	fussions
que	vous	fussiez
qu'	ils	fussent

Plus-que-parfait

que	j'	eusse	été
que	tu	eusses	été
qu'	il	eût	été
que	nous	eussions	été
que	vous	eussiez	été
qu'	ils	eussent	été

Conditionnel

Présent

je	serais
tu	serais
il	serait
nous	serions
vous	seriez
ils	seraient

Passé

j'	aurais	été
tu	aurais	été
il	aurait	été
nous	aurions	été
vous	auriez	été
ils	auraient	été

Impératif

sois
soyons
soyez

Participe

Présent	Passé
étant	été *(unveränderlich)*

être *sein*

Beispiele und Wendungen

Je me présente, je suis Christine Meunier.
Ich möchte mich vorstellen, ich bin Christine Meunier.

Sois prudent, il y a beaucoup de virages ici !
Sei vorsichtig, hier gibt es viele Kurven!

être grand / petit	*groß / klein sein*
être blond / brun	*blond / braunhaarig sein*
être intéressant	*interessant sein*
être le premier	*der Erste sein*
être prêt	*bereit sein*
être d'accord avec qn	*mit jdm. einverstanden sein*

Besonderheiten

Achtung! Auch bei der Konjugation des Verbs être wird interessanterweise das Hilfsverb avoir zur Bildung der zusammengesetzten Zeiten verwendet:

Elle a toujours été la plus petite de sa classe.
Sie ist immer die Kleinste ihrer Klasse gewesen.

Wenn das Passé composé mit être gebildet wird, wird das Partizip angeglichen:

Nous sommes partis hier.
Wir sind gestern weggefahren.

Etre wird in der Wendung c'est in der 3. Person Singular verwendet:

C'est tout ?
Ist das alles?

C'était la première fois que je le voyais.
Es war das erste Mal, dass ich ihn sah.

Eigene Notizen:

parler *sprechen*

Regelmäßiges Verb

Indicatif

Présent

je parl**e**
tu parl**es**
il parl**e**
nous parl**ons**
vous parl**ez**
ils parl**ent**

Imparfait

je parl**ais**
tu parl**ais**
il parl**ait**
nous parl**ions**
vous parl**iez**
ils parl**aient**

Passé simple

je parl**ai**
tu parl**as**
il parl**a**
nous parl**âmes**
vous parl**âtes**
ils parl**èrent**

Futur simple

je parl**erai**
tu parl**eras**
il parl**era**
nous parl**erons**
vous parl**erez**
ils parl**eront**

Passé composé

j' ai parlé
tu as parlé
il a parlé
nous avons parlé
vous avez parlé
ils ont parlé

Plus-que-parfait

j' avais parlé
tu avais parlé
il avait parlé
nous avions parlé
vous aviez parlé
ils avaient parlé

Passé antérieur

j' eus parlé
tu eus parlé
il eut parlé
nous eûmes parlé
vous eûtes parlé
ils eurent parlé

Futur antérieur

j' aurai parlé
tu auras parlé
il aura parlé
nous aurons parlé
vous aurez parlé
ils auront parlé

Subjonctif

Présent

que je parl**e**
que tu parl**es**
qu' il parl**e**
que nous parl**ions**
que vous parl**iez**
qu' ils parl**ent**

Passé

que j' aie parlé
que tu aies parlé
qu' il ait parlé
que nous ayons parlé
que vous ayez parlé
qu' ils aient parlé

Imparfait

que je parl**asse**
que tu parl**asses**
qu' il parl**ât**
que nous parl**assions**
que vous parl**assiez**
qu' ils parl**assent**

Plus-que-parfait

que j' eusse parlé
que tu eusses parlé
qu' il eût parlé
que nous eussions parlé
que vous eussiez parlé
qu' ils eussent parlé

Conditionnel

Présent

je parl**erais**
tu parl**erais**
il parl**erait**
nous parl**erions**
vous parl**eriez**
ils parl**eraient**

Passé

j' aurais parlé
tu aurais parlé
il aurait parlé
nous aurions parlé
vous auriez parlé
ils auraient parlé

Impératif

parl**e**
parl**ons**
parl**ez**

Participe

Présent
parl**ant**

Passé
parl**é(e)**

parler *sprechen*

Beispiele und Wendungen

De quoi parlez-vous?
Wovon sprecht ihr?

J'en ai parlé à ma mère, elle est d'accord.
Ich habe mit meiner Mutter darüber geredet, sie ist einverstanden.

parler fort	*laut reden*
parler une langue étrangère	*eine Fremdsprache sprechen*

Weitere Verben

aimer – chanter – danser – se dérouler – donner – exécuter – jouer – se passer – parler – sonner

aimer le chocolat	*gern Schokolade essen*
donner qc à qn	*jdm. etw. geben*
exécuter un ordre	*einen Befehl ausführen*
jouer à un jeu de société	*ein Gesellschaftsspiel spielen*
jouer d'un instrument	*ein Instrument spielen*

Besonderheiten

Die Verben auf -er haben im Präsens die Endungen -e, -es, -e, -ons, -ez, -ent. Allerdings kann man in der gesprochenen Sprache nur die Endungen -ons und -ez hören, da alle anderen Endungen fast stumm sind.

Tipp

Parler ist ein Musterbeispiel für die regelmäßigen Verben auf -er. Zu dieser Gruppe gehören etwa 90% der französischen Verben.

Um sich dieses wichtige Musterverb besser einzuprägen, schreiben Sie seine Konjugationsformen im Präsens ab und markieren Sie sich die Endungen farbig.

Eigene Notizen:

prier *beten, bitten*

Regelmäßiges Verb

Indicatif

Présent

je	prie
tu	pries
il	prie
nous	prions
vous	priez
ils	prient

Imparfait

je	priais
tu	priais
il	priait
nous	priions
vous	priiez
ils	priaient

Passé simple

je	priai
tu	prias
il	pria
nous	priâmes
vous	priâtes
ils	prièrent

Futur simple

je	prierai
tu	prieras
il	priera
nous	prierons
vous	prierez
ils	prieront

Passé composé

j'	ai	prié
tu	as	prié
il	a	prié
nous	avons	prié
vous	avez	prié
ils	ont	prié

Plus-que-parfait

j'	avais	prié
tu	avais	prié
il	avait	prié
nous	avions	prié
vous	aviez	prié
ils	avaient	prié

Passé antérieur

j'	eus	prié
tu	eus	prié
il	eut	prié
nous	eûmes	prié
vous	eûtes	prié
ils	eurent	prié

Futur antérieur

j'	aurai	prié
tu	auras	prié
il	aura	prié
nous	aurons	prié
vous	aurez	prié
ils	auront	prié

Subjonctif

Présent

que	je	prie
que	tu	pries
qu'	il	prie
que	nous	priions
que	vous	priiez
qu'	ils	prient

Passé

que	j'	aie	prié
que	tu	aies	prié
qu'	il	ait	prié
que	nous	ayons	prié
que	vous	ayez	prié
qu'	ils	aient	prié

Imparfait

que	je	priasse
que	tu	priasses
qu'	il	priât
que	nous	priassions
que	vous	priassiez
qu'	ils	priassent

Plus-que-parfait

que	j'	eusse	prié
que	tu	eusses	prié
qu'	il	eût	prié
que	nous	eussions	prié
que	vous	eussiez	prié
qu'	ils	eussent	prié

Conditionnel

Présent

je	prierais
tu	prierais
il	prierait
nous	prierions
vous	prieriez
ils	prieraient

Passé

j'	aurais	prié
tu	aurais	prié
il	aurait	prié
nous	aurions	prié
vous	auriez	prié
ils	auraient	prié

Impératif

prie
prions
priez

Participe

Présent	Passé
priant	prié(e)

prier *beten, bitten*

Beispiele und Wendungen

Je vous en prie !
Ich bitte Sie darum! / Bitte!

Je vous prie de bien vouloir attendre quelques minutes.
Ich bitte Sie, einige Minuten zu warten.

prier le ciel	*den Himmel anrufen*

Weitere Verben

apprécier – associer – crier – envier – épier – lier – se méfier – mendier – nier – plier – relier – scier – supplier

apprécier la compagnie de qn	*die Gesellschaft von jdm. mögen*
envier qc à qn	*jdn. um etw. beneiden*
se méfier de qn / qc	*jdm. / einer Sache misstrauen*
nier les faits	*die Tatsachen leugnen*
scier du bois	*Holz sägen*

Besonderheiten

Bei diesen völlig regelmäßigen Verben gehört das -i- zum Stamm und bleibt in allen Formen erhalten. Achten Sie daher bei der 1. und 2. Person Plural des Imparfait und des Subjonctif présent auf die Schreibweise. Die Aussprache ist die gleiche wie mit einem -i-:
nous cr**ii**ons, que vous suppl**ii**ez, …

Tipp

Lesen Sie sich die Beispielsätze mehrmals laut vor. Ändern Sie dabei vielleicht auch einmal den Tonfall: Sprechen Sie die Wendungen einmal leise und freundlich, dann laut und ärgerlich und beim nächsten Mal vielleicht so, als würden Sie mit jemandem flirten? Auf diese Weise erhalten die Wörter mehr Bedeutung – und sind leichter zu lernen.

Eigene Notizen:

créer *schaffen*

Regelmäßiges Verb

Indicatif

Présent

je	crée
tu	crées
il	crée
nous	créons
vous	créez
ils	créent

Imparfait

je	créais
tu	créais
il	créait
nous	créions
vous	créiez
ils	créaient

Passé simple

je	créai
tu	créas
il	créa
nous	créâmes
vous	créâtes
ils	créèrent

Futur simple

je	créerai
tu	créeras
il	créera
nous	créerons
vous	créerez
ils	créeront

Passé composé

j'	ai	créé
tu	as	créé
il	a	créé
nous	avons	créé
vous	avez	créé
ils	ont	créé

Plus-que-parfait

j'	avais	créé
tu	avais	créé
il	avait	créé
nous	avions	créé
vous	aviez	créé
ils	avaient	créé

Passé antérieur

j'	eus	créé
tu	eus	créé
il	eut	créé
nous	eûmes	créé
vous	eûtes	créé
ils	eurent	créé

Futur antérieur

j'	aurai	créé
tu	auras	créé
il	aura	créé
nous	aurons	créé
vous	aurez	créé
ils	auront	créé

Subjonctif

Présent

que	je	crée
que	tu	crées
qu'	il	crée
que	nous	créions
que	vous	créiez
qu'	ils	créent

Passé

que	j'	aie	créé
que	tu	aies	créé
qu'	il	ait	créé
que	nous	ayons	créé
que	vous	ayez	créé
qu'	ils	aient	créé

Imparfait

que	je	créasse
que	tu	créasses
qu'	il	créât
que	nous	créassions
que	vous	créassiez
qu'	ils	créassent

Plus-que-parfait

que	j'	eusse	créé
que	tu	eusses	créé
qu'	il	eût	créé
que	nous	eussions	créé
que	vous	eussiez	créé
qu'	ils	eussent	créé

Conditionnel

Présent

je	créerais
tu	créerais
il	créerait
nous	créerions
vous	créeriez
ils	créeraient

Passé

j'	aurais	créé
tu	aurais	créé
il	aurait	créé
nous	aurions	créé
vous	auriez	créé
ils	auraient	créé

Impératif

crée
créons
créez

Participe

Présent	Passé
créant	créé (créée)

créer *schaffen*

Beispiele und Wendungen

Dieu créa le ciel et la terre.
Gott schuf den Himmel und die Erde.

Cette association a été créée en 1953.
Dieser Verein wurde 1953 gegründet.

créer une entreprise	ein Unternehmen / eine Firma gründen
créer une nouvelle mode	eine neue Mode kreieren

Weitere Verben

agréer – maugréer – procréer – recréer – suppléer

procréér des enfants	*Kinder zeugen*
suppléer un professeur	*einen Lehrer vertreten*

Besonderheiten

Créer ist ein regelmäßiges Verb. Das -é- gehört zum Stamm und bleibt in allen Formen erhalten, so dass mehrere -e- bzw. -é- aufeinander folgen können:

Régulièrement, de nouveaux postes sont créés.
Es werden regelmäßig neue Stellen geschaffen.

Das Verb agréér benutzt man in einer Höflichkeitsformel am Briefende:

Je vous prie d'agréer, Monsieur, mes salutations distinguées.
Wörtlich: Ich bitte Sie, Herr XY, meine hochachtungsvollen Grüße anzunehmen. =
Mit freundlichen Grüßen

Tipp

Setzen Sie sich beim Französischlernen realistische Ziele. Es braucht Zeit, eine Sprache zu lernen – also nehmen Sie sich nicht zu viel vor! Besser Sie lernen mehrmals pro Woche eine halbe Stunde, als nur einmal 5 Stunden.

Eigene Notizen:

annoncer *ankündigen*

-c- → -ç- vor -a und -o

Indicatif

Présent

j'	annonce
tu	annonces
il	annonce
nous	annonçons
vous	annoncez
ils	annoncent

Imparfait

j'	annonçais
tu	annonçais
il	annonçait
nous	annoncions
vous	annonciez
ils	annonçaient

Passé simple

j'	annonçai
tu	annonças
il	annonça
nous	annonçâmes
vous	annonçâtes
ils	annoncèrent

Futur simple

j'	annoncerai
tu	annonceras
il	annoncera
nous	annoncerons
vous	annoncerez
ils	annonceront

Passé composé

j'	ai	annoncé
tu	as	annoncé
il	a	annoncé
nous	avons	annoncé
vous	avez	annoncé
ils	ont	annoncé

Plus-que-parfait

j'	avais	annoncé
tu	avais	annoncé
il	avait	annoncé
nous	avions	annoncé
vous	aviez	annoncé
ils	avaient	annoncé

Passé antérieur

j'	eus	annoncé
tu	eus	annoncé
il	eut	annoncé
nous	eûmes	annoncé
vous	eûtes	annoncé
ils	eurent	annoncé

Futur antérieur

j'	aurai	annoncé
tu	auras	annoncé
il	aura	annoncé
nous	aurons	annoncé
vous	aurez	annoncé
ils	auront	annoncé

Subjonctif

Présent

que	j'	annonce
que	tu	annonces
qu'	il	annonce
que	nous	annoncions
que	vous	annonciez
qu'	ils	annoncent

Passé

que	j'	aie	annoncé
que	tu	aies	annoncé
qu'	il	ait	annoncé
que	nous	ayons	annoncé
que	vous	ayez	annoncé
qu'	ils	aient	annoncé

Imparfait

que	j'	annonçasse
que	tu	annonçasses
qu'	il	annonçât
que	nous	annonçassions
que	vous	annonçassiez
qu'	ils	annonçassent

Plus-que-parfait

que	j'	eusse	annoncé
que	tu	eusses	annoncé
qu'	il	eût	annoncé
que	nous	eussions	annoncé
que	vous	eussiez	annoncé
qu'	ils	eussent	annoncé

Conditionnel

Présent

j'	annoncerais
tu	annoncerais
il	annoncerait
nous	annoncerions
vous	annonceriez
ils	annonceraient

Passé

j'	aurais	annoncé
tu	aurais	annoncé
il	aurait	annoncé
nous	aurions	annoncé
vous	auriez	annoncé
ils	auraient	annoncé

Impératif

annonce
annonçons
annoncez

Participe

Présent	Passé
annonçant	annoncé(e)

annoncer *ankündigen*

Beispiele und Wendungen

Je viens vous annoncer mon départ.
Ich komme, um Ihnen zu sagen, dass ich abreisen werde.

Des averses ont été annoncées pour demain.
Für morgen sind Schauer angekündigt/vorhergesagt worden.

annoncer qc à qn	*jdm. etw. ankündigen*
annoncer dans le journal	*in der Zeitung inserieren*
bien / mal s'annoncer	*gut/schlecht anfangen*

Weitere Verben

avancer – commencer – dénoncer – devancer – élancer – évincer – influencer – lancer – pincer – placer – renoncer

avancer d'un pas	*einen Schritt vortreten*
dénoncer qn à la police	*jdn. bei der Polizei anzeigen/denunzieren*
influencer la décision de qn	*jds. Entscheidung beeinflussen*
lancer la première pierre à qn	*den ersten Stein auf jdn. werfen*
renoncer à une offre	*ein Angebot ablehnen*

Besonderheiten

Vorsicht! Damit die Aussprache erhalten bleibt, ändert sich bei diesen regelmäßigen Verben auf -cer teilweise das Schriftbild: vor -a und -o wird -c- zu -ç-.

Il commen**ç**ait à travailler très tôt le matin.
Er fing sehr früh morgens zu arbeiten an.

Nous nous pla**ç**ons au premier rang.
Wir stellen uns in die erste Reihe.

Eigene Notizen:

manger *essen*

-g- → -ge- vor -a und -o

Indicatif

Présent

je	mange
tu	manges
il	mange
nous	mangeons
vous	mangez
ils	mangent

Passé composé

j'	ai	mangé
tu	as	mangé
il	a	mangé
nous	avons	mangé
vous	avez	mangé
ils	ont	mangé

Imparfait

je	mangeais
tu	mangeais
il	mangeait
nous	mangions
vous	mangiez
ils	mangeaient

Plus-que-parfait

j'	avais	mangé
tu	avais	mangé
il	avait	mangé
nous	avions	mangé
vous	aviez	mangé
ils	avaient	mangé

Passé simple

je	mangeai
tu	mangeas
il	mangea
nous	mangeâmes
vous	mangeâtes
ils	mangèrent

Passé antérieur

j'	eus	mangé
tu	eus	mangé
il	eut	mangé
nous	eûmes	mangé
vous	eûtes	mangé
ils	eurent	mangé

Futur simple

je	mangerai
tu	mangeras
il	mangera
nous	mangerons
vous	mangerez
ils	mangeront

Futur antérieur

j'	aurai	mangé
tu	auras	mangé
il	aura	mangé
nous	aurons	mangé
vous	aurez	mangé
ils	auront	mangé

Subjonctif

Présent

que	je	mange
que	tu	manges
qu'	il	mange
que	nous	mangions
que	vous	mangiez
qu'	ils	mangent

Passé

que	j'	aie	mangé
que	tu	aies	mangé
qu'	il	ait	mangé
que	nous	ayons	mangé
que	vous	ayez	mangé
qu'	ils	aient	mangé

Imparfait

que	je	mangeasse
que	tu	mangeasses
qu'	il	mangeât
que	nous	mangeassions
que	vous	mangeassiez
qu'	ils	mangeassent

Plus-que-parfait

que	j'	eusse	mangé
que	tu	eusses	mangé
qu'	il	eût	mangé
que	nous	eussions	mangé
que	vous	eussiez	mangé
qu'	ils	eussent	mangé

Conditionnel

Présent

je	mangerais
tu	mangerais
il	mangerait
nous	mangerions
vous	mangeriez
ils	mangeraient

Passé

j'	aurais	mangé
tu	aurais	mangé
il	aurait	mangé
nous	aurions	mangé
vous	auriez	mangé
ils	auraient	mangé

Impératif

mange
mangeons
mangez

Participe

Présent	Passé
mangeant	mangé(e)

manger *essen*

Beispiele und Wendungen

Qu'est-ce qu'on mange ce soir ?
Was essen wir heute Abend?

Nous mangeons tous les jours à la cantine de l'école.
Wir essen jeden Tag in der Schulkantine.

manger au restaurant	*im Restaurant essen*
manger sur le pouce	*eine Kleinigkeit essen*
donner à manger à qn / à un animal	*jdn. / ein Tier füttern*

Weitere Verben

changer – dédommager – déménager – diriger – figer – juger – langer – loger – mélanger – nager – obliger – partager – rager – ranger – se venger

changer de direction	*die Richtung ändern*
dédommager qn	*jdm. eine Entschädigung zahlen*
langer un bébé	*ein Baby wickeln*
obliger qn à faire qc	*jdn. zwingen, etw. zu tun*
ranger sa chambre	*sein Zimmer aufräumen*
se venger d'une insulte	*sich für eine Beleidigung rächen*

Besonderheiten

Damit die Aussprache erhalten bleibt, ändert sich bei diesen regelmäßigen Verben auf -ger teilweise das Schriftbild: vor -a und -o wird -g- zu -ge-.

Nous déména**ge**ons la semaine prochaine.
Wir ziehen nächste Woche um.

Quand j'étais petit, je parta**ge**ais tout avec mon frère.
Als ich klein war, teilte ich alles mit meinem Bruder.

Eigene Notizen:

appeler *rufen*

-l- → -ll- vor stummem -e

Indicatif

Présent

j'	appelle
tu	appelles
il	appelle
nous	appelons
vous	appelez
ils	appellent

Imparfait

j'	appelais
tu	appelais
il	appelait
nous	appelions
vous	appeliez
ils	appelaient

Passé simple

j'	appelai
tu	appelas
il	appela
nous	appelâmes
vous	appelâtes
ils	appelèrent

Futur simple

j'	appellerai
tu	appelleras
il	appellera
nous	appellerons
vous	appellerez
ils	appelleront

Passé composé

j'	ai	appelé
tu	as	appelé
il	a	appelé
nous	avons	appelé
vous	avez	appelé
ils	ont	appelé

Plus-que-parfait

j'	avais	appelé
tu	avais	appelé
il	avait	appelé
nous	avions	appelé
vous	aviez	appelé
ils	avaient	appelé

Passé antérieur

j'	eus	appelé
tu	eus	appelé
il	eut	appelé
nous	eûmes	appelé
vous	eûtes	appelé
ils	eurent	appelé

Futur antérieur

j'	aurai	appelé
tu	auras	appelé
il	aura	appelé
nous	aurons	appelé
vous	aurez	appelé
ils	auront	appelé

Subjonctif

Présent

que	j'	appelle
que	tu	appelles
qu'	il	appelle
que	nous	appelions
que	vous	appeliez
qu'	ils	appellent

Passé

que	j'	aie	appelé
que	tu	aies	appelé
qu'	il	ait	appelé
que	nous	ayons	appelé
que	vous	ayez	appelé
qu'	ils	aient	appelé

Imparfait

que	j'	appelasse
que	tu	appelasses
qu'	il	appelât
que	nous	appelassions
que	vous	appelassiez
qu'	ils	appelassent

Plus-que-parfait

que	j'	eusse	appelé
que	tu	eusses	appelé
qu'	il	eût	appelé
que	nous	eussions	appelé
que	vous	eussiez	appelé
qu'	ils	eussent	appelé

Conditionnel

Présent

j'	appellerais
tu	appellerais
il	appellerait
nous	appellerions
vous	appelleriez
ils	appelleraient

Passé

j'	aurais	appelé
tu	aurais	appelé
il	aurait	appelé
nous	aurions	appelé
vous	auriez	appelé
ils	auraient	appelé

Impératif

appelle
appelons
appelez

Participe

Présent	Passé
appelant	appelé(e)

appeler *rufen*

Beispiele und Wendungen

Bonjour, je m'appelle Isabelle, et vous ?
Guten Tag, ich heiße Isabelle, und Sie?

Ils vous ont appelés hier ?
Haben sie euch gestern angerufen?

appeler les pompiers	*die Feuerwehr rufen*
appeler qn (au téléphone)	*jdn. anrufen*

Weitere Verben

s'amonceler – atteler – chanceler – épeler – étinceler – ficeler – grommeler – jumeler – niveler – peler – rappeler – renouveler – ruisseler

atteler les chevaux	*die Pferde anspannen*
épeler son nom	*seinen Namen buchstabieren*
étinceler de mille feux	*funkeln*
ficeler un paquet	*ein Paket schnüren*
rappeler qc à qn	*jdn. an etw. erinnern*
se rappeler son enfance	*sich an seine Kindheit erinnern*

Besonderheiten

Diese regelmäßigen Verben verdoppeln vor einem stummen -e das -l- im Stamm, d. h. also, wenn die Form stammbetont ist:

J'épelle mon nom: M-A-R-T-I-N.
Ich buchstabiere meinen Nachnamen: M-A-R-T-I-N.

Est-ce que vous me rappellerez la semaine prochaine ?
Werden Sie mich nächste Woche wieder anrufen?

Eigene Notizen:

jeter *werfen*

-t- → -tt- vor stummem -e

Indicatif

Présent

je	jette
tu	jettes
il	jette
nous	jetons
vous	jetez
ils	jettent

Imparfait

je	jetais
tu	jetais
il	jetait
nous	jetions
vous	jetiez
ils	jetaient

Passé simple

je	jetai
tu	jetas
il	jeta
nous	jetâmes
vous	jetâtes
ils	jetèrent

Futur simple

je	jetterai
tu	jetteras
il	jettera
nous	jetterons
vous	jetterez
ils	jetteront

Passé composé

j'	ai	jeté
tu	as	jeté
il	a	jeté
nous	avons	jeté
vous	avez	jeté
ils	ont	jeté

Plus-que-parfait

j'	avais	jeté
tu	avais	jeté
il	avait	jeté
nous	avions	jeté
vous	aviez	jeté
ils	avaient	jeté

Passé antérieur

j'	eus	jeté
tu	eus	jeté
il	eut	jeté
nous	eûmes	jeté
vous	eûtes	jeté
ils	eurent	jeté

Futur antérieur

j'	aurai	jeté
tu	auras	jeté
il	aura	jeté
nous	aurons	jeté
vous	aurez	jeté
ils	auront	jeté

Subjonctif

Présent

que	je	jette
que	tu	jettes
qu'	il	jette
que	nous	jetions
que	vous	jetiez
qu'	ils	jettent

Passé

que	j'	aie	jeté
que	tu	aies	jeté
qu'	il	ait	jeté
que	nous	ayons	jeté
que	vous	ayez	jeté
qu'	ils	aient	jeté

Imparfait

que	je	jetasse
que	tu	jetasses
qu'	il	jetât
que	nous	jetassions
que	vous	jetassiez
qu'	ils	jetassent

Plus-que-parfait

que	j'	eusse	jeté
que	tu	eusses	jeté
qu'	il	eût	jeté
que	nous	eussions	jeté
que	vous	eussiez	jeté
qu'	ils	eussent	jeté

Conditionnel

Présent

je	jetterais
tu	jetterais
il	jetterait
nous	jetterions
vous	jetteriez
ils	jetteraient

Passé

j'	aurais	jeté
tu	aurais	jeté
il	aurait	jeté
nous	aurions	jeté
vous	auriez	jeté
ils	auraient	jeté

Impératif

jette
jetons
jetez

Participe

Présent	Passé
jetant	jeté(e)

jeter *werfen*

Beispiele und Wendungen

Tu veux vraiment jeter cela ?
Willst du das wirklich wegwerfen?

Sa femme adore jeter l'argent par les fenêtres !
Seine Frau liebt es, das Geld aus dem Fenster zu werfen!

jeter à la poubelle	*in den Mülleimer/ Papierkorb werfen*
jeter les dés	*würfeln*
jeter les bases de qc	*den Grundstein zu etw. legen*
jeter un coup d'œil sur qc	*einen (kurzen) Blick auf etw. werfen*
jeter un regard à qn	*jdm. einen Blick zuwerfen*

Weitere Verben

becqueter – cacheter – caqueter – collecter – craqueter – déchiqueter – empaqueter – épousseter – étiqueter – feuilleter – projeter – rejeter

cacheter une lettre	*einen Brief versiegeln*
collecter de l'argent	*Geld einsammeln*
empaqueter un cadeau	*ein Geschenk einpacken*
étiqueter un produit	*ein Produkt etikettieren*
feuilleter un magazine	*in einer Zeitschrift blättern*
rejeter une proposition	*einen Vorschlag ablehnen*

Besonderheiten

Diese regelmäßigen Verben verdoppeln das -t- vor stummem -e, d. h. also in den stammbetonten Formen sowie im Futur simple und Conditionnel:

Tu jetteras les bouteilles vides à la poubelle, s'il te plaît ?
Kannst du bitte die leeren Flaschen in den Müll werfen?

Eigene Notizen:

geler *frieren*

-e- → -è- vor Endung mit stummem -e

Indicatif

Présent

je gèle
tu gèles
il gèle
nous gelons
vous gelez
ils gèlent

Imparfait

je gelais
tu gelais
il gelait
nous gelions
vous geliez
ils gelaient

Passé simple

je gelai
tu gelas
il gela
nous gelâmes
vous gelâtes
ils gelèrent

Futur simple

je gèlerai
tu gèleras
il gèlera
nous gèlerons
vous gèlerez
ils gèleront

Passé composé

j' ai gelé
tu as gelé
il a gelé
nous avons gelé
vous avez gelé
ils ont gelé

Plus-que-parfait

j' avais gelé
tu avais gelé
il avait gelé
nous avions gelé
vous aviez gelé
ils avaient gelé

Passé antérieur

j' eus gelé
tu eus gelé
il eut gelé
nous eûmes gelé
vous eûtes gelé
ils eurent gelé

Futur antérieur

j' aurai gelé
tu auras gelé
il aura gelé
nous aurons gelé
vous aurez gelé
ils auront gelé

Subjonctif

Présent

que je gèle
que tu gèles
qu' il gèle
que nous gelions
que vous geliez
qu' ils gèlent

Passé

que j' aie gelé
que tu aies gelé
qu' il ait gelé
que nous ayons gelé
que vous ayez gelé
qu' ils aient gelé

Imparfait

que je gelasse
que tu gelasses
qu' il gelât
que nous gelassions
que vous gelassiez
qu' ils gelassent

Plus-que-parfait

que j' eusse gelé
que tu eusses gelé
qu' il eût gelé
que nous eussions gelé
que vous eussiez gelé
qu' ils eussent gelé

Conditionnel

Présent

je gèlerais
tu gèlerais
il gèlerait
nous gèlerions
vous gèleriez
ils gèleraient

Passé

j' aurais gelé
tu aurais gelé
il aurait gelé
nous aurions gelé
vous auriez gelé
ils auraient gelé

Impératif

gèle
gelons
gelez

Participe

Présent	Passé
gelant	gelé(e)

geler *frieren*

Beispiele und Wendungen

Aujourd'hui, il gèle.
Heute gibt es Frost.

Je me gèle les mains tellement il fait froid.
Es ist so kalt, dass meine Hände fast erfrieren.

il gèle	*es gibt Frost, es friert*
je me gèle les pieds	*meine Füße sind eiskalt*

Weitere Verben

celer – ciseler – congeler – déceler – dégeler – démanteler – écarteler – harceler – marteler – modeler – peler – surgeler

congeler de la viande	*Fleisch einfrieren*
déceler un secret	*ein Geheimnis lüften*
démanteler un réseau de drogue	*ein Drogennetz aufdecken/vernichten*
modeler une poterie	*Ton modellieren*
peler une orange	*eine Apfelsine pellen/schälen*

Besonderheiten

Vor einer Endung mit stummem -e wird -e- zu -è-:

Qui est-ce qui martèle ainsi et fait autant de bruit ?
Wer hämmert denn so und macht so einen Krach?

Tipp

Lernen Sie geler zusammen mit anderen regelmäßigen Verben wie acheter, emmener, lever, semer oder peser (alle Nr. 11), bei denen sich ebenfalls die obige Besonderheit findet!

Eigene Notizen:

acheter *kaufen*

-e- → -è- vor Endung mit stummem -e

Indicatif

Présent

j'	achète
tu	achètes
il	achète
nous	achetons
vous	achetez
ils	achètent

Passé composé

j'	ai	acheté
tu	as	acheté
il	a	acheté
nous	avons	acheté
vous	avez	acheté
ils	ont	acheté

Imparfait

j'	achetais
tu	achetais
il	achetait
nous	achetions
vous	achetiez
ils	achetaient

Plus-que-parfait

j'	avais	acheté
tu	avais	acheté
il	avait	acheté
nous	avions	acheté
vous	aviez	acheté
ils	avaient	acheté

Passé simple

j'	achetai
tu	achetas
il	acheta
nous	achetâmes
vous	achetâtes
ils	achetèrent

Passé antérieur

j'	eus	acheté
tu	eus	acheté
il	eut	acheté
nous	eûmes	acheté
vous	eûtes	acheté
ils	eurent	acheté

Futur simple

j'	achèterai
tu	achèteras
il	achètera
nous	achèterons
vous	achèterez
ils	achèteront

Futur antérieur

j'	aurai	acheté
tu	auras	acheté
il	aura	acheté
nous	aurons	acheté
vous	aurez	acheté
ils	auront	acheté

Subjonctif

Présent

que	j'	achète
que	tu	achètes
qu'	il	achète
que	nous	achetions
que	vous	achetiez
qu'	ils	achètent

Passé

que	j'	aie	acheté
que	tu	aies	acheté
qu'	il	ait	acheté
que	nous	ayons	acheté
que	vous	ayez	acheté
qu'	ils	aient	acheté

Imparfait

que	j'	achetasse
que	tu	achetasses
qu'	il	achetât
que	nous	achetassions
que	vous	achetassiez
qu'	ils	achetassent

Plus-que-parfait

que	j'	eusse	acheté
que	tu	eusses	acheté
qu'	il	eût	acheté
que	nous	eussions	acheté
que	vous	eussiez	acheté
qu'	ils	eussent	acheté

Conditionnel

Présent

j'	achèterais
tu	achèterais
il	achèterait
nous	achèterions
vous	achèteriez
ils	achèteraient

Passé

j'	aurais	acheté
tu	aurais	acheté
il	aurait	acheté
nous	aurions	acheté
vous	auriez	acheté
ils	auraient	acheté

Impératif

achète
achetons
achetez

Participe

Présent	Passé
achetant	acheté(e)

acheter *kaufen*

Beispiele und Wendungen

Que dois-je acheter ?
Was soll ich (ein)kaufen?

Je m'achète une nouvelle voiture tous les deux ans.
Ich kaufe mir alle zwei Jahre ein neues Auto.

acheter qc à qn	*jdm. etw. kaufen*
s'acheter qc	*sich etw. kaufen*

Weitere Verben

achever – amener – crocheter – élever – emmener – enlever – fureter – haleter – lever – mener – peser – racheter – semer – soulever

enlever son manteau	*seinen Mantel ausziehen*
enlever un enfant	*ein Kind entführen*
fureter dans tous les coins	*überall herumschnüffeln*
haleter de soif	*vor Durst hecheln*
mener qc à bien	*etw. gut zu Ende führen*
semer des graines	*Aussaat streuen*

Besonderheiten

Bei diesen Verben auf -emer, -ener, -eser, -eter und -ever erhält das -e- des Stamms einen Akzent (-è-), wenn man die Endung fast nicht hört:

Il achète toujours beaucoup trop de choses.
Er kauft immer viel zu viele Dinge ein.

Enlève tes chaussures avant d'entrer dans le salon !
Zieh deine Schuhe aus, bevor du ins Wohnzimmer kommst!

Eigene Notizen:

espérer *hoffen*

-é- → -è- vor einsilbiger Endung mit stummem -e

Indicatif

Présent

j'	espère
tu	espères
il	espère
nous	espérons
vous	espérez
ils	espèrent

Imparfait

j'	espérais
tu	espérais
il	espérait
nous	espérions
vous	espériez
ils	espéraient

Passé simple

j'	espérai
tu	espéras
il	espéra
nous	espérâmes
vous	espérâtes
ils	espérèrent

Futur simple

j'	espérerai
tu	espéreras
il	espérera
nous	espérerons
vous	espérerez
ils	espéreront

Passé composé

j'	ai	espéré
tu	as	espéré
il	a	espéré
nous	avons	espéré
vous	avez	espéré
ils	ont	espéré

Plus-que-parfait

j'	avais	espéré
tu	avais	espéré
il	avait	espéré
nous	avions	espéré
vous	aviez	espéré
ils	avaient	espéré

Passé antérieur

j'	eus	espéré
tu	eus	espéré
il	eut	espéré
nous	eûmes	espéré
vous	eûtes	espéré
ils	eurent	espéré

Futur antérieur

j'	aurai	espéré
tu	auras	espéré
il	aura	espéré
nous	aurons	espéré
vous	aurez	espéré
ils	auront	espéré

Subjonctif

Présent

que	j'	espère
que	tu	espères
qu'	il	espère
que	nous	espérions
que	vous	espériez
qu'	ils	espèrent

Passé

que	j'	aie	espéré
que	tu	aies	espéré
qu'	il	ait	espéré
que	nous	ayons	espéré
que	vous	ayez	espéré
qu'	ils	aient	espéré

Imparfait

que	j'	espérasse
que	tu	espérasses
qu'	il	espérât
que	nous	espérassions
que	vous	espérassiez
qu'	ils	espérassent

Plus-que-parfait

que	j'	eusse	espéré
que	tu	eusses	espéré
qu'	il	eût	espéré
que	nous	eussions	espéré
que	vous	eussiez	espéré
qu'	ils	eussent	espéré

Conditionnel

Présent

j'	espérerais
tu	espérerais
il	espérerait
nous	espérerions
vous	espéreriez
ils	espéreraient

Passé

j'	aurais	espéré
tu	aurais	espéré
il	aurait	espéré
nous	aurions	espéré
vous	auriez	espéré
ils	auraient	espéré

Impératif

espère
espérons
espérez

Participe

Présent	Passé
espérant	espéré(e)

espérer *hoffen*

Beispiele und Wendungen

J'espère que tu vas bien.
Ich hoffe, dass es dir gut geht.

Ils espèrent être revenus avant dimanche prochain.
Sie hoffen, dass sie vor nächstem Sonntag wieder zurück sind.

J'espère bien !	*Das will ich hoffen!*
espérer voir qn	*hoffen, jdn. zu sehen*
ne plus espérer qn	*mit jdm. nicht mehr rechnen*

Weitere Verben

accélérer – céder – célébrer – compléter – déléguer – désespérer – exagérer – lécher – pénétrer – préférer – rapiécer – régner – répéter – révéler

accélérer l'allure	*das Tempo beschleunigen*
céder à un enfant	*ein Kind verwöhnen*
compléter un exercice	*eine Übung vervollständigen*
régner sur un empire	*über ein Reich herrschen*

Besonderheiten

Diese Verben werden regelmäßig konjugiert, nur in der 1., 2. und 3. Person Singular und der 3. Person Plural des Indicatif présent und Subjonctif présent, also den stammbetonten Formen, wird -é- zu -è-:

Je demande à ce qu'il nous révèle la vérité tout de suite.
Ich bitte darum, dass er uns sofort die Wahrheit sagt.

Anders als bei den Verben der Konjugationsmuster 10 und 11 bleibt es in den Futur- und Konditionalformen bei -é-!

Eigene Notizen:

payer *zahlen*

-y- → -i- vor stummem -e

Indicatif

Présent

je	paie/paye
tu	paies/payes
il	paie/paye
nous	payons
vous	payez
ils	paient/payent

Passé composé

j'	ai	payé
tu	as	payé
il	a	payé
nous	avons	payé
vous	avez	payé
ils	ont	payé

Imparfait

je	payais
tu	payais
il	payait
nous	payions
vous	payiez
ils	payaient

Plus-que-parfait

j'	avais	payé
tu	avais	payé
il	avait	payé
nous	avions	payé
vous	aviez	payé
ils	avaient	payé

Passé simple

je	payai
tu	payas
il	paya
nous	payâmes
vous	payâtes
ils	payèrent

Passé antérieur

j'	eus	payé
tu	eus	payé
il	eut	payé
nous	eûmes	payé
vous	eûtes	payé
ils	eurent	payé

Futur simple

je	paierai/payerai
tu	paieras/payeras
il	paiera/payera
nous	paierons/payerons
vous	paierez/payerez
ils	paieront/payeront

Futur antérieur

j'	aurai	payé
tu	auras	payé
il	aura	payé
nous	aurons	payé
vous	aurez	payé
ils	auront	payé

Subjonctif

Présent

que	je	paie/paye
que	tu	paies/payes
qu'	il	paie/paye
que	nous	payions
que	vous	payiez
qu'	ils	paient/payent

Passé

que	j'	aie	payé
que	tu	aies	payé
qu'	il	ait	payé
que	nous	ayons	payé
que	vous	ayez	payé
qu'	ils	aient	payé

Imparfait

que	je	payasse
que	tu	payasses
qu'	il	payât
que	nous	payassions
que	vous	payassiez
qu'	ils	payassent

Plus-que-parfait

que	j'	eusse	payé
que	tu	eusses	payé
qu'	il	eût	payé
que	nous	eussions	payé
que	vous	eussiez	payé
qu'	ils	eussent	payé

Conditionnel

Présent

je	paierais/payerais
tu	paierais/payerais
il	paierait/payerait
nous	paierions/payerions
vous	paieriez/payeriez
ils	paieraient/payeraient

Passé

j'	aurais	payé
tu	aurais	payé
il	aurait	payé
nous	aurions	payé
vous	auriez	payé
ils	auraient	payé

Impératif

paie/paye
payons
payez

Participe

Présent	Passé
payant	payé(e)

payer *zahlen*

Beispiele und Wendungen

Aujourd'hui, c'est moi qui paie / paye l'addition.
Heute zahle ich die Rechnung.

Dans cette entreprise, les employés sont vraiment bien payés.
In diesem Unternehmen werden die Angestellten wirklich gut bezahlt.

payer qc à qn	*jdm. etw. bezahlen / kaufen*
payer un salaire	*einen Lohn auszahlen*
payer en espèces	*bar zahlen*

Weitere Verben

balayer – bégayer – déblayer – débrayer – délayer – effrayer – égayer – essayer – frayer – pagayer – rayer

balayer le couloir	*den Flur fegen*
effrayer qn	*jdn. erschrecken*
essayer un vêtement	*ein Kleidungsstück anprobieren*
se frayer un passage	*sich einen Weg bahnen*

Besonderheiten

Vor nicht hörbarem, nur geschriebenem -e wird bei den Verben auf -ayer das -y- zu -i-. Die Formen mit -y- existieren jedoch ebenfalls.

J'essaie / essaye de venir le plus tôt possible.
Ich versuche, so früh wie möglich zu kommen.

Tipp

Schaffen Sie Zusammenhänge! Wenn Sie das Wort payer lernen, finden Sie möglichst viele Beispiele dazu: je **paie** toujours par chèque, nous **payons** trop d'impôts, …

Eigene Notizen:

appuyer *drücken*

-y- → -i- vor stummem -e

Indicatif

Présent

j'	appuie
tu	appuies
il	appuie
nous	appuyons
vous	appuyez
ils	appuient

Imparfait

j'	appuyais
tu	appuyais
il	appuyait
nous	appuyions
vous	appuyiez
ils	appuyaient

Passé simple

j'	appuyai
tu	appuyas
il	appuya
nous	appuyâmes
vous	appuyâtes
ils	appuyèrent

Futur simple

j'	appuierai
tu	appuieras
il	appuiera
nous	appuierons
vous	appuierez
ils	appuieront

Passé composé

j'	ai	appuyé
tu	as	appuyé
il	a	appuyé
nous	avons	appuyé
vous	avez	appuyé
ils	ont	appuyé

Plus-que-parfait

j'	avais	appuyé
tu	avais	appuyé
il	avait	appuyé
nous	avions	appuyé
vous	aviez	appuyé
ils	avaient	appuyé

Passé antérieur

j'	eus	appuyé
tu	eus	appuyé
il	eut	appuyé
nous	eûmes	appuyé
vous	eûtes	appuyé
ils	eurent	appuyé

Futur antérieur

j'	aurai	appuyé
tu	auras	appuyé
il	aura	appuyé
nous	aurons	appuyé
vous	aurez	appuyé
ils	auront	appuyé

Subjonctif

Présent

que	j'	appuie
que	tu	appuies
qu'	il	appuie
que	nous	appuyions
que	vous	appuyiez
qu'	ils	appuient

Passé

que	j'	aie	appuyé
que	tu	aies	appuyé
qu'	il	ait	appuyé
que	nous	ayons	appuyé
que	vous	ayez	appuyé
qu'	ils	aient	appuyé

Imparfait

que	j'	appuyasse
que	tu	appuyasses
qu'	il	appuyât
que	nous	appuyassions
que	vous	appuyassiez
qu'	ils	appuyassent

Plus-que-parfait

que	j'	eusse	appuyé
que	tu	eusses	appuyé
qu'	il	eût	appuyé
que	nous	eussions	appuyé
que	vous	eussiez	appuyé
qu'	ils	eussent	appuyé

Conditionnel

Présent

j'	appuierais
tu	appuierais
il	appuierait
nous	appuierions
vous	appuieriez
ils	appuieraient

Passé

j'	aurais	appuyé
tu	aurais	appuyé
il	aurait	appuyé
nous	aurions	appuyé
vous	auriez	appuyé
ils	auraient	appuyé

Impératif

appuie
appuyons
appuyez

Participe

Présent	Passé
appuyant	appuyé(e)

appuyer *drücken*

Beispiele und Wendungen

N'appuie pas sur le bouton rouge !
Drücke nicht auf den roten Knopf!

Il s'est appuyé sur les faits.
Er hat sich auf die Tatsachen gestützt.

appuyer sur une touche	*auf eine Taste drücken*
s'appuyer sur qn	*sich auf jdn. verlassen*

Weitere Verben

ennuyer – essuyer

ennuyer le public	*das Publikum langweilen*
s'ennuyer de ses parents	*seine Eltern vermissen*
essuyer la poussière	*Staub wischen*
essuyer une défaite	*eine Niederlage erleben*

Besonderheiten

Die Verben auf -uyer werden regelmäßig konjugiert, sie haben nur eine Besonderheit: das -y- wird zu -i- vor stummem -e.

Il s'ennuiera sûrement, tout seul là-bas…
Er wird sich dort sicher langweilen, so alleine …

Vous vous essuierez la bouche après le repas !
Putzt euch den Mund nach dem Essen ab!

Tipp

Lernen Sie die Verben auf -uyer (Nr. 14) und -oyer (Nr. 15) am besten zusammen, denn sie werden auf gleiche Weise konjugiert!

Eigene Notizen:

employer *verwenden; beschäftigen*

-y- → -i- vor stummem -e

Indicatif

Présent

j'	emploie
tu	emploies
il	emploie
nous	employons
vous	employez
ils	emploient

Imparfait

j'	employais
tu	employais
il	employait
nous	employions
vous	employiez
ils	employaient

Passé simple

j'	employai
tu	employas
il	employa
nous	employâmes
vous	employâtes
ils	employèrent

Futur simple

j'	emploierai
tu	emploieras
il	emploiera
nous	emploierons
vous	emploierez
ils	emploieront

Passé composé

j'	ai	employé
tu	as	employé
il	a	employé
nous	avons	employé
vous	avez	employé
ils	ont	employé

Plus-que-parfait

j'	avais	employé
tu	avais	employé
il	avait	employé
nous	avions	employé
vous	aviez	employé
ils	avaient	employé

Passé antérieur

j'	eus	employé
tu	eus	employé
il	eut	employé
nous	eûmes	employé
vous	eûtes	employé
ils	eurent	employé

Futur antérieur

j'	aurai	employé
tu	auras	employé
il	aura	employé
nous	aurons	employé
vous	aurez	employé
ils	auront	employé

Subjonctif

Présent

que	j'	emploie
que	tu	emploies
qu'	il	emploie
que	nous	employions
que	vous	employiez
qu'	ils	emploient

Passé

que	j'	aie	employé
que	tu	aies	employé
qu'	il	ait	employé
que	nous	ayons	employé
que	vous	ayez	employé
qu'	ils	aient	employé

Imparfait

que	j'	employasse
que	tu	employasses
qu'	il	employât
que	nous	employassions
que	vous	employassiez
qu'	ils	employassent

Plus-que-parfait

que	j'	eusse	employé
que	tu	eusses	employé
qu'	il	eût	employé
que	nous	eussions	employé
que	vous	eussiez	employé
qu'	ils	eussent	employé

Conditionnel

Présent

j'	emploierais
tu	emploierais
il	emploierait
nous	emploierions
vous	emploieriez
ils	emploieraient

Passé

j'	aurais	employé
tu	aurais	employé
il	aurait	employé
nous	aurions	employé
vous	auriez	employé
ils	auraient	employé

Impératif

emploie
employons
employez

Participe

Présent	Passé
employant	employé(e)

employer *verwenden; beschäftigen*

Beispiele und Wendungen

Il emploie les grands moyens !
Er greift zum letzten Mittel!

L'entreprise employait 5.000 personnes.
Das Unternehmen beschäftigte 5.000 Personen.

employer qc	*etw. verwenden*
employer du temps à qc	*Zeit für etw. aufwenden*
s'employer à faire qc	*sich bemühen, etw. zu tun*

Weitere Verben

aboyer – chatoyer – choyer – coudoyer – déployer – foudroyer – nettoyer – octroyer – rudoyer

choyer un enfant	*ein Kind verwöhnen*
déployer toutes ses forces	*seine ganze Kraft verwenden*
nettoyer la maison	*das Haus putzen*

Besonderheiten

Die Verben auf -oyer werden wie die Verben auf -uyer (Nr. 14) konjugiert:

Je nettoierai ma chambre demain.
Ich werde mein Zimmer morgen sauber machen.

Envoyer und renvoyer (siehe Tabelle Nr. 16) haben im Futur simple und Conditionnel présent unregelmäßige Formen.

Tipp

Bilden Sie Sätze mit employer und mit envoyer (Nr. 16) im Futur simple und im Conditionnel présent, um sich die Unterschiede besser einzuprägen!

Eigene Notizen:

envoyer *schicken*

Indicatif

Présent

j'	envoie
tu	envoies
il	envoie
nous	envoyons
vous	envoyez
ils	envoient

Passé composé

j'	ai	envoyé
tu	as	envoyé
il	a	envoyé
nous	avons	envoyé
vous	avez	envoyé
ils	ont	envoyé

Imparfait

j'	envoyais
tu	envoyais
il	envoyait
nous	envoyions
vous	envoyiez
ils	envoyaient

Plus-que-parfait

j'	avais	envoyé
tu	avais	envoyé
il	avait	envoyé
nous	avions	envoyé
vous	aviez	envoyé
ils	avaient	envoyé

Passé simple

j'	envoyai
tu	envoyas
il	envoya
nous	envoyâmes
vous	envoyâtes
ils	envoyèrent

Passé antérieur

j'	eus	envoyé
tu	eus	envoyé
il	eut	envoyé
nous	eûmes	envoyé
vous	eûtes	envoyé
ils	eurent	envoyé

Futur simple

j'	enverrai
tu	enverras
il	enverra
nous	enverrons
vous	enverrez
ils	enverront

Futur antérieur

j'	aurai	envoyé
tu	auras	envoyé
il	aura	envoyé
nous	aurons	envoyé
vous	aurez	envoyé
ils	auront	envoyé

Subjonctif

Présent

que	j'	envoie
que	tu	envoies
qu'	il	envoie
que	nous	envoyions
que	vous	envoyiez
qu'	ils	envoient

Passé

que	j'	aie	envoyé
que	tu	aies	envoyé
qu'	il	ait	envoyé
que	nous	ayons	envoyé
que	vous	ayez	envoyé
qu'	ils	aient	envoyé

Imparfait

que	j'	envoyasse
que	tu	envoyasses
qu'	il	envoyât
que	nous	envoyassions
que	vous	envoyassiez
qu'	ils	envoyassent

Plus-que-parfait

que	j'	eusse	envoyé
que	tu	eusses	envoyé
qu'	il	eût	envoyé
que	nous	eussions	envoyé
que	vous	eussiez	envoyé
qu'	ils	eussent	envoyé

Conditionnel

Présent

j'	enverrais
tu	enverrais
il	enverrait
nous	enverrions
vous	enverriez
ils	enverraient

Passé

j'	aurais	envoyé
tu	aurais	envoyé
il	aurait	envoyé
nous	aurions	envoyé
vous	auriez	envoyé
ils	auraient	envoyé

Impératif

envoie
envoyons
envoyez

Participe

Présent	Passé
envoyant	envoyé(e)

envoyer *schicken*

Beispiele und Wendungen

Envoie-moi de tes nouvelles !
Schreib mir bitte, wie es dir geht!

Les soldats ont été envoyés en mission en Afghanistan.
Die Soldaten sind zu einem Einsatz nach Afghanistan geschickt worden.

s'envoyer la balle	*sich den Ball gegenseitig zuwerfen*
envoyer balader / promener qn	*jdn. abweisen*

Weitere Verben

renvoyer

renvoyer un formulaire	*ein Formular zurückschicken*
renvoyer un élève (de l'école)	*einen Schüler von der Schule verweisen*

Besonderheiten

Envoyer und renvoyer sind im Futur simple und Conditionnel présent unregelmäßig.
Alle anderen Formen werden regelmäßig wie die Verben auf -oyer (Nr. 15) konjugiert.

J'enverrai un télégramme.
Ich werde ein Telegramm schicken.

Tipp

Auch Verbformen können wie Vokabeln mit Vokabelkärtchen gelernt werden. Schreiben Sie sich dazu je eine Verbform auf ein Kärtchen und den Infinitiv mit Beschreibung der Verbform auf die Rückseite, z. B. „envoyer *schicken* – 1. Person Plural, Futur simple" auf der Rückseite von „nous enverrons". Testen Sie dann Ihre Kenntnisse, indem Sie immer die Seite mit dem Infinitiv ansehen und die passende Form dazu bilden.

Eigene Notizen:

finir *beenden*

Regelmäßiges Verb

Indicatif

Présent

je	fin**is**
tu	fin**is**
il	fin**it**
nous	fin**issons**
vous	fin**issez**
ils	fin**issent**

Imparfait

je	fin**issais**
tu	fin**issais**
il	fin**issait**
nous	fin**issions**
vous	fin**issiez**
ils	fin**issaient**

Passé simple

je	fin**is**
tu	fin**is**
il	fin**it**
nous	fin**îmes**
vous	fin**îtes**
ils	fin**irent**

Futur simple

je	fin**irai**
tu	fin**iras**
il	fin**ira**
nous	fin**irons**
vous	fin**irez**
ils	fin**iront**

Passé composé

j'	ai	fini
tu	as	fini
il	a	fini
nous	avons	fini
vous	avez	fini
ils	ont	fini

Plus-que-parfait

j'	avais	fini
tu	avais	fini
il	avait	fini
nous	avions	fini
vous	aviez	fini
ils	avaient	fini

Passé antérieur

j'	eus	fini
tu	eus	fini
il	eut	fini
nous	eûmes	fini
vous	eûtes	fini
ils	eurent	fini

Futur antérieur

j'	aurai	fini
tu	auras	fini
il	aura	fini
nous	aurons	fini
vous	aurez	fini
ils	auront	fini

Subjonctif

Présent

que	je	fin**isse**
que	tu	fin**isses**
qu'	il	fin**isse**
que	nous	fin**issions**
que	vous	fin**issiez**
qu'	ils	fin**issent**

Passé

que	j'	aie	fini
que	tu	aies	fini
qu'	il	ait	fini
que	nous	ayons	fini
que	vous	ayez	fini
qu'	ils	aient	fini

Imparfait

que	je	fin**isse**
que	tu	fin**isses**
qu'	il	fin**ît**
que	nous	fin**issions**
que	vous	fin**issiez**
qu'	ils	fin**issent**

Plus-que-parfait

que	j'	eusse	fini
que	tu	eusses	fini
qu'	il	eût	fini
que	nous	eussions	fini
que	vous	eussiez	fini
qu'	ils	eussent	fini

Conditionnel

Présent

je	fin**irais**
tu	fin**irais**
il	fin**irait**
nous	fin**irions**
vous	fin**iriez**
ils	fin**iraient**

Passé

j'	aurais	fini
tu	aurais	fini
il	aurait	fini
nous	aurions	fini
vous	auriez	fini
ils	auraient	fini

Impératif

fin**is**
fin**issons**
fin**issez**

Participe

Présent	Passé
fin**issant**	fini**(e)**

finir *beenden*

Beispiele und Wendungen

As-tu fini de manger ?
Bist du mit dem Essen fertig?

Ils n'en finissaient pas de parler...
Sie hörten nicht auf zu reden. / Sie redeten und redeten.

finir son travail	*seine Arbeit beenden*
finir de faire qc	*aufhören, etw. zu tun*
en finir avec qc	*mit etw. fertig werden*

Weitere Verben

accomplir – agir – applaudir – atterrir – divertir – envahir – s'évanouir – grandir – jaillir – réagir – réfléchir – remplir – réunir – réussir – rugir

divertir l'assistance	*das Publikum amüsieren*
envahir un pays	*ein Land überfallen*
remplir un formulaire	*ein Formular ausfüllen*

Besonderheiten

Alle Farbverben werden wie finir konjugiert: blanchir, bleuir, jaunir, noircir, rosir, rougir, verdir, ...

Ils blanchissent le mur de la maison.
Sie streichen die Hauswand weiß.

Tipp

Prägen Sie sich die Konjugationsformen von finir gut ein, denn es ist ein Musterbeispiel für alle Verben auf -ir mit Stammerweiterung. Wenn Sie eines dieser ca. 300 Verben lernen, merken Sie sich den Infinitiv immer zusammen mit der 1. Person Plural,
z. B.: finir – nous fin**iss**ons.

Eigene Notizen:

absoudre *lossprechen*

Indicatif

Présent

j'	absous
tu	absous
il	absout
nous	absolvons
vous	absolvez
ils	absolvent

Passé composé

j'	ai	absous
tu	as	absous
il	a	absous
nous	avons	absous
vous	avez	absous
ils	ont	absous

Imparfait

j'	absolvais
tu	absolvais
il	absolvait
nous	absolvions
vous	absolviez
ils	absolvaient

Plus-que-parfait

j'	avais	absous
tu	avais	absous
il	avait	absous
nous	avions	absous
vous	aviez	absous
ils	avaient	absous

Passé simple

j'	absolus
tu	absolus
il	absolut
nous	absolûmes
vous	absolûtes
ils	absolurent

Passé antérieur

j'	eus	absous
tu	eus	absous
il	eut	absous
nous	eûmes	absous
vous	eûtes	absous
ils	eurent	absous

Futur simple

j'	absoudrai
tu	absoudras
il	absoudra
nous	absoudrons
vous	absoudrez
ils	absoudront

Futur antérieur

j'	aurai	absous
tu	auras	absous
il	aura	absous
nous	aurons	absous
vous	aurez	absous
ils	auront	absous

Subjonctif

Présent

que	j'	absolve
que	tu	absolves
qu'	il	absolve
que	nous	absolvions
que	vous	absolviez
qu'	ils	absolvent

Passé

que	j'	aie	absous
que	tu	aies	absous
qu'	il	ait	absous
que	nous	ayons	absous
que	vous	ayez	absous
qu'	ils	aient	absous

Imparfait

que	j'	absolusse
que	tu	absolusses
qu'	il	absolût
que	nous	absolussions
que	vous	absolussiez
qu'	ils	absolussent

Plus-que-parfait

que	j'	eusse	absous
que	tu	eusses	absous
qu'	il	eût	absous
que	nous	eussions	absous
que	vous	eussiez	absous
qu'	ils	eussent	absous

Conditionnel

Présent

j'	absoudrais
tu	absoudrais
il	absoudrait
nous	absoudrions
vous	absoudriez
ils	absoudraient

Passé

j'	aurais	absous
tu	aurais	absous
il	aurait	absous
nous	aurions	absous
vous	auriez	absous
ils	auraient	absous

Impératif

absous
absolvons
absolvez

Participe

Présent	Passé
absolvant	absous (absoute)

absoudre *lossprechen*

Beispiele und Wendungen

Je vous absous de votre négligence.
Ich nehme Ihnen Ihre Nachlässigkeit nicht übel.

Il y a eu cinq voix pour condamner l'accusé et sept pour l'absoudre.
Fünf stimmten dafür, den Angeklagten zu verurteilen, und sieben dafür, ihn freizusprechen.

absoudre un pécheur	*jdm. (seine Sünden) vergeben*
absoudre qn d'une faute	*jdm. einen Fehler verzeihen*

Weitere Verben

dissoudre – résoudre

dissoudre du sucre dans l'eau	*Zucker in Wasser auflösen*
dissoudre l'Assemblée Nationale	*die Nationalversammlung auflösen*
résoudre un problème	*ein Problem lösen*
se résoudre à faire qc	*sich dazu entschließen, etw. zu tun*

Besonderheiten

Das -d- des Stamms wird bei diesen Verben nur im Futur simple und Conditonnel présent beibehalten: je résou**d**rai, je résou**d**rais, ...

Résoudre hat zwei Formen des Participe passé: résolu(e) und résous, résoute.

Résolu(e) wird viel häufiger und im Sinne von *lösen* verwendet:

Ce problème a été résolu tout de suite.
Dieses Problem wurde sofort gelöst.

Résous, résoute hat die Bedeutung *aufgelöst* in der folgenden Wendung:

Le brouillard a été résous en pluie.
Der Nebel ist in Regen übergegangen.

Eigene Notizen:

accroître *vergrößern*

Indicatif

Présent

j'	accrois
tu	accrois
il	accroît
nous	accroissons
vous	accroissez
ils	accroissent

Passé composé

j'	ai	accru
tu	as	accru
il	a	accru
nous	avons	accru
vous	avez	accru
ils	ont	accru

Imparfait

j'	accroissais
tu	accroissais
il	accroissait
nous	accroissions
vous	accroissiez
ils	accroissaient

Plus-que-parfait

j'	avais	accru
tu	avais	accru
il	avait	accru
nous	avions	accru
vous	aviez	accru
ils	avaient	accru

Passé simple

j'	accrus
tu	accrus
il	accrut
nous	accrûmes
vous	accrûtes
ils	accrurent

Passé antérieur

j'	eus	accru
tu	eus	accru
il	eut	accru
nous	eûmes	accru
vous	eûtes	accru
ils	eurent	accru

Futur simple

j'	accroîtrai
tu	accroîtras
il	accroîtra
nous	accroîtrons
vous	accroîtrez
ils	accroîtront

Futur antérieur

j'	aurai	accru
tu	auras	accru
il	aura	accru
nous	aurons	accru
vous	aurez	accru
ils	auront	accru

Subjonctif

Présent

que	j'	accroisse
que	tu	accroisses
qu'	il	accroisse
que	nous	accroissions
que	vous	accroissiez
qu'	ils	accroissent

Passé

que	j'	aie	accru
que	tu	aies	accru
qu'	il	ait	accru
que	nous	ayons	accru
que	vous	ayez	accru
qu'	ils	aient	accru

Imparfait

que	j'	accrusse
que	tu	accrusses
qu'	il	accrût
que	nous	accrussions
que	vous	accrussiez
qu'	ils	accrussent

Plus-que-parfait

que	j'	eusse	accru
que	tu	eusses	accru
qu'	il	eût	accru
que	nous	eussions	accru
que	vous	eussiez	accru
qu'	ils	eussent	accru

Conditionnel

Présent

j'	accroîtrais
tu	accroîtrais
il	accroîtrait
nous	accroîtrions
vous	accroîtriez
ils	accroîtraient

Passé

j'	aurais	accru
tu	aurais	accru
il	aurait	accru
nous	aurions	accru
vous	auriez	accru
ils	auraient	accru

Impératif

accrois
accroissons
accroissez

Participe

Présent	Passé
accroissant	accru(e)

accroître *vergrößern*

Beispiele und Wendungen

Mon désarroi s'accrut de minute en minute.
Meine Ratlosigkeit wurde von Minute zu Minute größer.

Ils ont accru la production de pièces détachées.
Sie haben die Produktion von Einzelteilen erhöht.

Le gouvernement a décidé d'accroître l'aide à la recherche.
Die Regierung hat beschlossen, die Hilfe für die Forschung zu verstärken.

accroître sa richesse	*seinen Besitz vergrößern*
accroître ses connaissances	*sein Wissen erweitern*
accroître la productivité	*die Produktivität steigern*
accroître ses parts de marché	*seine Marktanteile erweitern*
le chômage ne cesse de s'accroître	*die Arbeitslosenzahl nimmt ständig zu*

Besonderheiten

Accroître wird wie croître (Nr. 34) konjugiert, es gibt jedoch Unterschiede in der Verwendung des Accent circonflexe (î, û), der bei accroître nur in wenigen Formen erhalten bleibt:

Sa peur s'accrut au fur et à mesure qu'il avançait.
Seine Angst wuchs mit jedem seiner Schritte.

Pourquoi est-ce que tu accrois encore sa déception ?
Warum steigerst du noch seine Enttäuschung?

Tipp

Schreiben Sie sich die Konjugation auf einen Klebezettel und kleben diesen z. B. auf den Kühlschrank, neben Ihren Arbeitsplatz etc. So können Sie im Vorbeigehen das Verb wiederholen.

Eigene Notizen:

acquérir *erwerben*

Indicatif

Présent

j'	acquiers
tu	acquiers
il	acquiert
nous	acquérons
vous	acquérez
ils	acquièrent

Imparfait

j'	acquérais
tu	acquérais
il	acquérait
nous	acquérions
vous	acquériez
ils	acquéraient

Passé simple

j'	acquis
tu	acquis
il	acquit
nous	acquîmes
vous	acquîtes
ils	acquirent

Futur simple

j'	acquerrai
tu	acquerras
il	acquerra
nous	acquerrons
vous	acquerrez
ils	acquerront

Passé composé

j'	ai	acquis
tu	as	acquis
il	a	acquis
nous	avons	acquis
vous	avez	acquis
ils	ont	acquis

Plus-que-parfait

j'	avais	acquis
tu	avais	acquis
il	avait	acquis
nous	avions	acquis
vous	aviez	acquis
ils	avaient	acquis

Passé antérieur

j'	eus	acquis
tu	eus	acquis
il	eut	acquis
nous	eûmes	acquis
vous	eûtes	acquis
ils	eurent	acquis

Futur antérieur

j'	aurai	acquis
tu	auras	acquis
il	aura	acquis
nous	aurons	acquis
vous	aurez	acquis
ils	auront	acquis

Subjonctif

Présent

que	j'	acquière
que	tu	acquières
qu'	il	acquière
que	nous	acquérions
que	vous	acquériez
qu'	ils	acquièrent

Passé

que	j'	aie	acquis
que	tu	aies	acquis
qu'	il	ait	acquis
que	nous	ayons	acquis
que	vous	ayez	acquis
qu'	ils	aient	acquis

Imparfait

que	j'	acquisse
que	tu	acquisses
qu'	il	acquît
que	nous	acquissions
que	vous	acquissiez
qu'	ils	acquissent

Plus-que-parfait

que	j'	eusse	acquis
que	tu	eusses	acquis
qu'	il	eût	acquis
que	nous	eussions	acquis
que	vous	eussiez	acquis
qu'	ils	eussent	acquis

Conditionnel

Présent

j'	acquerrais
tu	acquerrais
il	acquerrait
nous	acquerrions
vous	acquerriez
ils	acquerraient

Passé

j'	aurais	acquis
tu	aurais	acquis
il	aurait	acquis
nous	aurions	acquis
vous	auriez	acquis
ils	auraient	acquis

Impératif

acquiers
acquérons
acquérez

Participe

Présent	Passé
acquérant	acquis(e)

acquérir *erwerben*

Beispiele und Wendungen

Nous allons acquérir une maison.
Wir werden ein Haus kaufen.

Pendant mon apprentissage, j'ai acquis les connaissances de base.
Während meiner Lehre habe ich Grundkenntnisse erworben.

acquérir un bien immobilier	*eine Immobilie erwerben*
acquérir de l'expérience	*Erfahrung sammeln*

Weitere Verben

conquérir – s'enquérir – reconquérir – requérir

conquérir le monde	*die Welt erobern*
conquérir un marché	*einen Markt erobern*
conquérir un public	*ein Publikum erobern / für sich gewinnen*
s'enquérir de qc / qn	*sich über etw. / jdn. erkundigen*
reconquérir une ville	*eine Stadt zurückerobern*
reconquérir sa liberté	*seine Freiheit wiedererlangen*
requérir les services de qn	*jds. Dienste in Anspruch nehmen*

Besonderheiten

Achten Sie besonders auf die Formen des Indicatif présent und des Subjonctif présent und die Verwendung von -ie- mit und ohne Akzent:

De grandes entreprises requièrent nos services.
Große Unternehmen nehmen unsere Dienste in Anspruch.

Notre voisine s'enquiert de ta santé.
Unsere Nachbarin fragt nach deinem Gesundheitszustand.

Eigene Notizen:

aller *gehen*

Indicatif

Présent

je	vais
tu	vas
il	va
nous	allons
vous	allez
ils	vont

Imparfait

j'	allais
tu	allais
il	allait
nous	allions
vous	alliez
ils	allaient

Passé simple

j'	allai
tu	allas
il	alla
nous	allâmes
vous	allâtes
ils	allèrent

Futur simple

j'	irai
tu	iras
il	ira
nous	irons
vous	irez
ils	iront

Passé composé

je	suis	allé
tu	es	allé
il	est	allé
nous	sommes	allés
vous	êtes	allés
ils	sont	allés

Plus-que-parfait

j'	étais	allé
tu	étais	allé
il	était	allé
nous	étions	allés
vous	étiez	allés
ils	étaient	allés

Passé antérieur

je	fus	allé
tu	fus	allé
il	fut	allé
nous	fûmes	allés
vous	fûtes	allés
ils	furent	allés

Futur antérieur

je	serai	allé
tu	seras	allé
il	sera	allé
nous	serons	allés
vous	serez	allés
ils	seront	allés

Subjonctif

Présent

que	j'	aille
que	tu	ailles
qu'	il	aille
que	nous	allions
que	vous	alliez
qu'	ils	aillent

Passé

que	je	sois	allé
que	tu	sois	allé
qu'	il	soit	allé
que	nous	soyons	allés
que	vous	soyez	allés
qu'	ils	soient	allés

Imparfait

que	j'	allasse
que	tu	allasses
qu'	il	allât
que	nous	allassions
que	vous	allassiez
qu'	ils	allassent

Plus-que-parfait

que	je	fusse	allé
que	tu	fusses	allé
qu'	il	fût	allé
que	nous	fussions	allés
que	vous	fussiez	allés
qu'	ils	fussent	allés

Conditionnel

Présent

j'	irais
tu	irais
il	irait
nous	irions
vous	iriez
ils	iraient

Passé

je	serais	allé
tu	serais	allé
il	serait	allé
nous	serions	allés
vous	seriez	allés
ils	seraient	allés

Impératif

va, *aber:* vas-y
allons
allez

Participe

Présent	Passé
allant	allé(e)

aller *gehen*

Beispiele und Wendungen

Je vais au bureau tous les jours.
Ich gehe jeden Tag ins Büro.

Comment allez-vous ? – vas-tu?
Wie geht es Ihnen?

aller en ville	*in die Stadt gehen*
je vais bien / mal	*es geht mir gut / schlecht*
aller ensemble	*zusammengehören*
aller chercher qn	*jdn. abholen*
s'en aller	*weggehen*

Besonderheiten

Die zusammengesetzten Zeiten von aller werden mit être gebildet, weshalb das Partizip entsprechend angeglichen werden muss:

Elle est allée en vacances en France.
In ihrem Urlaub ist sie nach Frankreich gefahren.

Elles s'en étaient allées tôt le matin.
Sie waren früh weggegangen.

Aller wird zudem als Hilfsverb für die Bildung des Futur composé verwendet:

Ils vont venir nous voir au mois de juillet.
Sie werden uns im Juli besuchen kommen.

Tipp

Das Verb aller wird im Französischen für viele Arten der Fortbewegung verwendet und kann beispielsweise mit *gehen*, *fahren*, *fliegen*, … übersetzt werden.

Eigene Notizen:

assaillir *angreifen*

Indicatif

Présent
j'	assaille
tu	assailles
il	assaille
nous	assaillons
vous	assaillez
ils	assaillent

Imparfait
j'	assaillais
tu	assaillais
il	assaillait
nous	assaillions
vous	assailliez
ils	assaillaient

Passé simple
j'	assaillis
tu	assaillis
il	assaillit
nous	assaillîmes
vous	assaillîtes
ils	assaillirent

Futur simple
j'	assaillirai
tu	assailliras
il	assaillira
nous	assaillirons
vous	assaillirez
ils	assailliront

Passé composé
j'	ai	assailli
tu	as	assailli
il	a	assailli
nous	avons	assailli
vous	avez	assailli
ils	ont	assailli

Plus-que-parfait
j'	avais	assailli
tu	avais	assailli
il	avait	assailli
nous	avions	assailli
vous	aviez	assailli
ils	avaient	assailli

Passé antérieur
j'	eus	assailli
tu	eus	assailli
il	eut	assailli
nous	eûmes	assailli
vous	eûtes	assailli
ils	eurent	assailli

Futur antérieur
j'	aurai	assailli
tu	auras	assailli
il	aura	assailli
nous	aurons	assailli
vous	aurez	assailli
ils	auront	assailli

Subjonctif

Présent
que	j'	assaille
que	tu	assailles
qu'	il	assaille
que	nous	assaillions
que	vous	assailliez
qu'	ils	assaillent

Passé
que	j'	aie	assailli
que	tu	aies	assailli
qu'	il	ait	assailli
que	nous	ayons	assailli
que	vous	ayez	assailli
qu'	ils	aient	assailli

Imparfait
que	j'	assaillisse
que	tu	assaillisses
qu'	il	assaillît
que	nous	assaillissons
que	vous	assaillissez
qu'	ils	assaillissent

Plus-que-parfait
que	j'	eusse	assailli
que	tu	eusses	assailli
qu'	il	eût	assailli
que	nous	eussions	assailli
que	vous	eussiez	assailli
qu'	ils	eussent	assailli

Conditionnel

Présent
j'	assaillirais
tu	assaillirais
il	assaillirait
nous	assaillirions
vous	assailliriez
ils	assailliraient

Passé
j'	aurais	assailli
tu	aurais	assailli
il	aurait	assailli
nous	aurions	assailli
vous	auriez	assailli
ils	auraient	assailli

Impératif

assaille
assaillons
assaillez

Participe

Présent	Passé
assaillant	assailli(e)

assaillir *angreifen*

Beispiele und Wendungen

Ils ont assailli le camp ennemi.
Sie haben das feindliche Lager überfallen.

Nous fumes assaillis d'une grêle de pierres.
Wir wurden mit einem Hagel von Steinen angegriffen.

assaillir une ville	*eine Stadt überfallen*
assaillir qn de questions	*jdn. mit Fragen bestürmen*
être assailli par le malheur	*vom Unglück verfolgt werden*

Weitere Verben

défaillir – saillir – tressaillir

se sentir défaillir	*spüren, wie man ohnmächtig wird*
la mémoire défaille	*das Gedächtnis lässt nach*
tressaillir de joie	*vor Freude zittern*
tressaillir de peur	*vor Angst erschaudern*

Besonderheiten

Bei diesen Verben entsprechen die Endungen von Indicatif présent und Subjonctif présent sowie Imperativ denen der Verben auf -er: il assaill**e**, …
Die übrigen Formen werden wie bei den Verben auf -ir ohne Stammerweiterung gebildet: il assaill**it**, il assaill**ira**, …

Das Verb saillir existiert nur in der 3. Person Singular und Plural:

L'eau saille du rocher.
Das Wasser spritzt aus dem Fels hervor.

Tipp

Die Konjugation von assaillir ist bis auf das Partizip die gleiche wie die von couvrir (Nr. 31). Lernen Sie diese Verben zusammen!

Eigene Notizen:

asseoir (1) *(hin)setzen*

Formen mit -ie- bzw. -ey-

Indicatif

Présent

j'	assieds
tu	assieds
il	assied
nous	asseyons
vous	asseyez
ils	asseyent

Passé composé

j'	ai	assis
tu	as	assis
il	a	assis
nous	avons	assis
vous	avez	assis
ils	ont	assis

Imparfait

j'	asseyais
tu	asseyais
il	asseyait
nous	asseyions
vous	asseyiez
ils	asseyaient

Plus-que-parfait

j'	avais	assis
tu	avais	assis
il	avait	assis
nous	avions	assis
vous	aviez	assis
ils	avaient	assis

Passé simple

j'	assis
tu	assis
il	assit
nous	assîmes
vous	assîtes
ils	assirent

Passé antérieur

j'	eus	assis
tu	eus	assis
il	eut	assis
nous	eûmes	assis
vous	eûtes	assis
ils	eurent	assis

Futur simple

j'	assiérai
tu	assiéras
il	assiéra
nous	assiérons
vous	assiérez
ils	assiéront

Futur antérieur

j'	aurai	assis
tu	auras	assis
il	aura	assis
nous	aurons	assis
vous	aurez	assis
ils	auront	assis

Subjonctif

Présent

que	j'	asseye
que	tu	asseyes
qu'	il	asseye
que	nous	asseyions
que	vous	asseyiez
qu'	ils	asseyent

Passé

que	j'	aie	assis
que	tu	aies	assis
qu'	il	ait	assis
que	nous	ayons	assis
que	vous	ayez	assis
qu'	ils	aient	assis

Imparfait

que	j'	assisse
que	tu	assisses
qu'	il	assît
que	nous	assissions
que	vous	assissiez
qu'	ils	assissent

Plus-que-parfait

que	j'	eusse	assis
que	tu	eusses	assis
qu'	il	eût	assis
que	nous	eussions	assis
que	vous	eussiez	assis
qu'	ils	eussent	assis

Conditionnel

Présent

j'	assiérais
tu	assiérais
il	assiérait
nous	assiérions
vous	assiériez
ils	assiéraient

Passé

j'	aurais	assis
tu	aurais	assis
il	aurait	assis
nous	aurions	assis
vous	auriez	assis
ils	auraient	assis

Impératif

assieds
asseyons
asseyez

Participe

Présent	Passé
asseyant	assis(e)

asseoir *(hin)setzen*

Beispiele und Wendungen

Tu peux asseoir ton fils dans la chaise de bébé.
Du kannst deinen Sohn in den Kinderstuhl setzen.

Ils se sont assis sur le canapé.
Sie haben sich auf die Couch gesetzt.

Vous êtes priés de vous asseoir rapidement pour ne pas perdre de temps.
Sie werden gebeten, schnell Platz zu nehmen, um keine Zeit zu verlieren.

asseoir un enfant sur une chaise	*ein Kind auf einen Stuhl setzen*
faire asseoir qn à sa table	*jdn. an seinem Tisch akzeptieren*
asseoir un camp	*ein Lager errichten*
asseoir son autorité	*seine Autorität begründen*
s'asseoir sur un banc	*sich auf eine Bank setzen*
s'asseoir sur le trône	*den Thron besteigen*
s'asseoir sur ses mains	*sich zurückhalten*

Besonderheiten

Das Verb asseoir hat zwei Konjugationsmuster (s. auch Tabelle Nr. 23 (2)).
Hier finden Sie die Formen mit -ie- bzw. -ey-. Diese Formen werden hauptsächlich in der geschriebenen Sprache verwendet, auch wenn Assieds-toi ! die geläufigere mündliche Aufforderung ist.

Assieds-toi !
Setz dich!

Ils s'asseyaient toujours les premiers.
Sie setzten sich immer als Erste hin.

Tu t'assiéras au premier rang, tu verras mieux !
Du setzt dich in die erste Reihe, dann wirst du besser sehen können!

Eigene Notizen:

asseoir (2) *(hin)setzen*

Formen mit -oi- bzw. -oy-

Indicatif

Présent

j'	assois
tu	assois
il	assoit
nous	assoyons
vous	assoyez
ils	assoient

Imparfait

j'	assoyais
tu	assoyais
il	assoyait
nous	assoyions
vous	assoyiez
ils	assoyaient

Passé simple

j'	assis
tu	assis
il	assit
nous	assîmes
vous	assîtes
ils	assirent

Futur simple

j'	assoirai
tu	assoiras
il	assoira
nous	assoirons
vous	assoirez
ils	assoiront

Passé composé

j'	ai	assis
tu	as	assis
il	a	assis
nous	avons	assis
vous	avez	assis
ils	ont	assis

Plus-que-parfait

j'	avais	assis
tu	avais	assis
il	avait	assis
nous	avions	assis
vous	aviez	assis
ils	avaient	assis

Passé antérieur

j'	eus	assis
tu	eus	assis
il	eut	assis
nous	eûmes	assis
vous	eûtes	assis
ils	eurent	assis

Futur antérieur

j'	aurai	assis
tu	auras	assis
il	aura	assis
nous	aurons	assis
vous	aurez	assis
ils	auront	assis

Subjonctif

Présent

que	j'	assoie
que	tu	assoies
qu'	il	assoie
que	nous	assoyions
que	vous	assoyiez
qu'	ils	assoient

Passé

que	j'	aie	assis
que	tu	aies	assis
qu'	il	ait	assis
que	nous	ayons	assis
que	vous	ayez	assis
qu'	ils	aient	assis

Imparfait

que	j'	assisse
que	tu	assisses
qu'	il	assît
que	nous	assissions
que	vous	assissiez
qu'	ils	assissent

Plus-que-parfait

que	j'	eusse	assis
que	tu	eusses	assis
qu'	il	eût	assis
que	nous	eussions	assis
que	vous	eussiez	assis
qu'	ils	eussent	assis

Conditionnel

Présent

j'	assoirais
tu	assoirais
il	assoirait
nous	assoirions
vous	assoiriez
ils	assoiraient

Passé

j'	aurais	assis
tu	aurais	assis
il	aurait	assis
nous	aurions	assis
vous	auriez	assis
ils	auraient	assis

Impératif

assois
assoyons
assoyez

Participe

Présent	Passé
assoyant	assis(e)

asseoir *(hin)setzen*

Beispiele und Wendungen

Ils assoient les fondements de la maison sur le roc.
Sie setzen die Hausfundamente auf den Fels.

Nous nous assoyons toujours au dernier rang au cinéma.
Im Kino setzen wir uns immer in die letzte Reihe.

Il assoit sa réputation sur son grand succès de l'année dernière.
Sein guter Ruf basiert auf seinem großen Erfolg im letzten Jahr.

asseoir une statue sur un piédestal	*eine Statue auf ein Podest stellen*
asseoir une hypothèque sur un terrain	*ein Grundstück mit einer Hypothek belasten*
asseoir son jugement sur qc	*sein Urteil auf etw. stützen*
asseoir sa réputation sur qc	*seinen Ruf auf etw. aufbauen*
asseoir un impôt sur qc	*etw. mit einer Steuer belegen*
la magistrature assise	*der Richterstand, die Richter*

Besonderheiten

Das Verb asseoir hat zwei Konjugationsmuster (s. auch Tabelle Nr. 23 (1)).
Hier finden Sie die Formen mit -oi- bzw. -oy-. Diese Formen werden hauptsächlich in der gesprochenen Sprache verwendet.

Je m'assois sur la marche.
Ich setze mich auf die Treppenstufe.

Ils s'assoyaient toujours les premiers.
Sie setzten sich immer als Erste hin.

Tu t'assoiras au premier rang, tu verras mieux !
Du setzt dich in die erste Reihe, dann wirst du besser sehen können!

Eigene Notizen:

battre *schlagen*

Indicatif

Présent

je	bats
tu	bats
il	bat
nous	battons
vous	battez
ils	battent

Passé composé

j'	ai	battu
tu	as	battu
il	a	battu
nous	avons	battu
vous	avez	battu
ils	ont	battu

Imparfait

je	battais
tu	battais
il	battait
nous	battions
vous	battiez
ils	battaient

Plus-que-parfait

j'	avais	battu
tu	avais	battu
il	avait	battu
nous	avions	battu
vous	aviez	battu
ils	avaient	battu

Passé simple

je	battis
tu	battis
il	battit
nous	battîmes
vous	battîtes
ils	battirent

Passé antérieur

j'	eus	battu
tu	eus	battu
il	eut	battu
nous	eûmes	battu
vous	eûtes	battu
ils	eurent	battu

Futur simple

je	battrai
tu	battras
il	battra
nous	battrons
vous	battrez
ils	battront

Futur antérieur

j'	aurai	battu
tu	auras	battu
il	aura	battu
nous	aurons	battu
vous	aurez	battu
ils	auront	battu

Subjonctif

Présent

que	je	batte
que	tu	battes
qu'	il	batte
que	nous	battions
que	vous	battiez
qu'	ils	battent

Passé

que	j'	aie	battu
que	tu	aies	battu
qu'	il	ait	battu
que	nous	ayons	battu
que	vous	ayez	battu
qu'	ils	aient	battu

Imparfait

que	je	battisse
que	tu	battisses
qu'	il	battît
que	nous	battissions
que	vous	battissiez
qu'	ils	battissent

Plus-que-parfait

que	j'	eusse	battu
que	tu	eusses	battu
qu'	il	eût	battu
que	nous	eussions	battu
que	vous	eussiez	battu
qu'	ils	eussent	battu

Conditionnel

Présent

je	battrais
tu	battrais
il	battrait
nous	battrions
vous	battriez
ils	battraient

Passé

j'	aurais	battu
tu	aurais	battu
il	aurait	battu
nous	aurions	battu
vous	auriez	battu
ils	auraient	battu

Impératif

bats
battons
battez

Participe

Présent	Passé
battant	battu(e)

battre *schlagen*

Beispiele und Wendungen

Il l'a battu jusqu'au sang.
Er hat ihn blutig geschlagen.

Battez la mesure en même temps que moi !
Schlagt den Takt mit mir!

Ils ont battu l'ennemi en quelques jours.
Sie haben den Feind in wenigen Tagen geschlagen.

battre les blancs en neige	*das Eiweiß zu Eischnee schlagen*
battre des mains	*in die Hände klatschen, applaudieren*

Weitere Verben

abattre – combattre – débattre – s'ébattre – rabattre – rebattre

abattre des arbres	*Bäume fällen*
combattre l'ennemi	*den Feind bekämpfen*
débattre une question	*eine Frage besprechen*
s'ébattre en plein air	*draußen herumtoben*
rebattre les oreilles à / de qn	*jdn. nerven*

Besonderheiten

Die Singularformen des Indicatif présent und des Imperativs haben nur ein -t-, alle anderen Formen -tt-:

Il se bat souvent avec ses camarades d'école.
Er kämpft oft mit seinen Schulkameraden.

Vous battez les cartes ?
Mischt ihr die Karten?

Eigene Notizen:

boire *trinken*

Indicatif

Présent

je	bois
tu	bois
il	boit
nous	buvons
vous	buvez
ils	boivent

Passé composé

j'	ai	bu
tu	as	bu
il	a	bu
nous	avons	bu
vous	avez	bu
ils	ont	bu

Imparfait

je	buvais
tu	buvais
il	buvait
nous	buvions
vous	buviez
ils	buvaient

Plus-que-parfait

j'	avais	bu
tu	avais	bu
il	avait	bu
nous	avions	bu
vous	aviez	bu
ils	avaient	bu

Passé simple

je	bus
tu	bus
il	but
nous	bûmes
vous	bûtes
ils	burent

Passé antérieur

j'	eus	bu
tu	eus	bu
il	eut	bu
nous	eûmes	bu
vous	eûtes	bu
ils	eurent	bu

Futur simple

je	boirai
tu	boiras
il	boira
nous	boirons
vous	boirez
ils	boiront

Futur antérieur

j'	aurai	bu
tu	auras	bu
il	aura	bu
nous	aurons	bu
vous	aurez	bu
ils	auront	bu

Subjonctif

Présent

que	je	boive
que	tu	boives
qu'	il	boive
que	nous	buvions
que	vous	buviez
qu'	ils	boivent

Passé

que	j'	aie	bu
que	tu	aies	bu
qu'	il	ait	bu
que	nous	ayons	bu
que	vous	ayez	bu
qu'	ils	aient	bu

Imparfait

que	je	busse
que	tu	busses
qu'	il	bût
que	nous	bussions
que	vous	bussiez
qu'	ils	bussent

Plus-que-parfait

que	j'	eusse	bu
que	tu	eusses	bu
qu'	il	eût	bu
que	nous	eussions	bu
que	vous	eussiez	bu
qu'	ils	eussent	bu

Conditionnel

Présent

je	boirais
tu	boirais
il	boirait
nous	boirions
vous	boiriez
ils	boiraient

Passé

j'	aurais	bu
tu	aurais	bu
il	aurait	bu
nous	aurions	bu
vous	auriez	bu
ils	auraient	bu

Impératif

bois
buvons
buvez

Participe

Présent	Passé
buvant	bu(e)

boire *trinken*

Beispiele und Wendungen

Le soir, nous buvons toujours une tisane avant de dormir.
Abends trinken wir vor dem Einschlafen immer einen Tee.

Boire ou conduire, il faut choisir.
Trinken oder fahren, entscheiden Sie sich. (Werbeslogan)

boire un coup	*etwas/einen trinken*
boire trop	*zu viel (Alkohol) trinken*
boire dans un verre	*aus einem Glas trinken*
boire les paroles de qn	*jds. Worten intensiv zuhören*
boire la tasse	*beim Schwimmen Wasser schlucken*
ce n'est pas la mer à boire	*es ist nicht viel Aufwand*

Besonderheiten

Achten Sie auf die Stammänderung in vielen Formen:

Vous buviez toujours trop !
Sie tranken immer zu viel!

Il but son verre et quitta la pièce.
Er trank sein Glas aus und verließ das Zimmer.

Buvons notre verre à votre santé !
Trinken wir auf eure Gesundheit!

Tipp

Trainieren Sie die Konjugation eines unregelmäßigen Verbs, indem Sie würfeln. Die Zahl, die Sie würfeln, entspricht der entsprechenden Person des Verbs, das Sie bilden.
1: je, 2: tu, 3: il, elle, 4: nous, 5: vous, 6: ils, elles. Zum Beispiel: 4: nous buvons.
Sie können auch einen zweiten Würfel für die Zeiten und Modi benutzen.
1: Indicatif présent, 2: Passé composé, 3: Imparfait, 4: Passé simple, 5: Futur, 6: Subjonctif présent. Zum Beispiel: 2 + 3: tu buvais.

Eigene Notizen:

bouillir *kochen*

Indicatif

Présent

je	bous
tu	bous
il	bout
nous	bouillons
vous	bouillez
ils	bouillent

Imparfait

je	bouillais
tu	bouillais
il	bouillait
nous	bouillions
vous	bouilliez
ils	bouillaient

Passé simple

je	bouillis
tu	bouillis
il	bouillit
nous	bouillîmes
vous	bouillîtes
ils	bouillirent

Futur simple

je	bouillirai
tu	bouilliras
il	bouillira
nous	bouillirons
vous	bouillirez
ils	bouilliront

Passé composé

j'	ai	bouilli
tu	as	bouilli
il	a	bouilli
nous	avons	bouilli
vous	avez	bouilli
ils	ont	bouilli

Plus-que-parfait

j'	avais	bouilli
tu	avais	bouilli
il	avait	bouilli
nous	avions	bouilli
vous	aviez	bouilli
ils	avaient	bouilli

Passé antérieur

j'	eus	bouilli
tu	eus	bouilli
il	eut	bouilli
nous	eûmes	bouilli
vous	eûtes	bouilli
ils	eurent	bouilli

Futur antérieur

j'	aurai	bouilli
tu	auras	bouilli
il	aura	bouilli
nous	aurons	bouilli
vous	aurez	bouilli
ils	auront	bouilli

Subjonctif

Présent

que	je	bouille
que	tu	bouilles
qu'	il	bouille
que	nous	bouillions
que	vous	bouilliez
qu'	ils	bouillent

Passé

que	j'	aie	bouilli
que	tu	aies	bouilli
qu'	il	ait	bouilli
que	nous	ayons	bouilli
que	vous	ayez	bouilli
qu'	ils	aient	bouilli

Imparfait

que	je	bouillisse
que	tu	bouillisses
qu'	il	bouillît
que	nous	bouillissions
que	vous	bouillissiez
qu'	ils	bouillissent

Plus-que-parfait

que	j'	eusse	bouilli
que	tu	eusses	bouilli
qu'	il	eût	bouilli
que	nous	eussions	bouilli
que	vous	eussiez	bouilli
qu'	ils	eussent	bouilli

Conditionnel

Présent

je	bouillirais
tu	bouillirais
il	bouillirait
nous	bouillirions
vous	bouilliriez
ils	bouilliraient

Passé

j'	aurais	bouilli
tu	aurais	bouilli
il	aurait	bouilli
nous	aurions	bouilli
vous	auriez	bouilli
ils	auraient	bouilli

Impératif

bous
bouillons
bouillez

Participe

Présent	Passé
bouillant	bouilli(e)

bouillir *kochen*

Beispiele und Wendungen

Fais-moi bouillir de l'eau pour mon thé, s'il te plaît.
Koch mir bitte Wasser für meinen Tee.

Quand le lait bout, jetez-y le riz en pluie.
Sobald die Milch kocht, streuen Sie den Reis hinein.

faire bouillir de l'eau	*Wasser kochen*
le sang lui bout dans les veines	*er ist jung, voller Energie*
mon sang bout	*ich bin gespannt/aufgeregt*
la tête me bout	*ich habe einen ganz heißen Kopf*
bouillir d'impatience	*vor Ungeduld kochen*

Besonderheiten

Achten Sie besonders auf die Singularformen im Présent de l'indicatif:

Je bous de colère.
Ich koche vor Wut.

Die Formen bouillons und bouillions werden fast gleich ausgesprochen. Vergessen Sie im Imparfait und im Subjonctif présent also nicht das -i- in der Endung!

Achtung! Bouillir ist intransitiv: L'eau bout. *Das Wasser kocht.*
Kochen im transitiven Sinn, z. B. *Wasser kochen*, muss daher mit faire bouillir de l'eau wiedergegeben werden.
Und *kochen* im Sinne von *Essen zubereiten* heißt faire la cuisine!

Tipp

Wenn Sie gut durch Hören lernen können, dann nehmen Sie sich beim Sprechen der Verbkonjugationen auf und hören Sie sich immer wieder an.

Eigene Notizen:

conduire *führen*

Indicatif

Présent

je	conduis
tu	conduis
il	conduit
nous	conduisons
vous	conduisez
ils	conduisent

Passé composé

j'	ai	conduit
tu	as	conduit
il	a	conduit
nous	avons	conduit
vous	avez	conduit
ils	ont	conduit

Imparfait

je	conduisais
tu	conduisais
il	conduisait
nous	conduisions
vous	conduisiez
ils	conduisaient

Plus-que-parfait

j'	avais	conduit
tu	avais	conduit
il	avait	conduit
nous	avions	conduit
vous	aviez	conduit
ils	avaient	conduit

Passé simple

je	conduisis
tu	conduisis
il	conduisit
nous	conduisîmes
vous	conduisîtes
ils	conduisirent

Passé antérieur

j'	eus	conduit
tu	eus	conduit
il	eut	conduit
nous	eûmes	conduit
vous	eûtes	conduit
ils	eurent	conduit

Futur simple

je	conduirai
tu	conduiras
il	conduira
nous	conduirons
vous	conduirez
ils	conduiront

Futur antérieur

j'	aurai	conduit
tu	auras	conduit
il	aura	conduit
nous	aurons	conduit
vous	aurez	conduit
ils	auront	conduit

Subjonctif

Présent

que	je	conduise
que	tu	conduises
qu'	il	conduise
que	nous	conduisions
que	vous	conduisiez
qu'	ils	conduisent

Passé

que	j'	aie	conduit
que	tu	aies	conduit
qu'	il	ait	conduit
que	nous	ayons	conduit
que	vous	ayez	conduit
qu'	ils	aient	conduit

Imparfait

que	je	conduisisse
que	tu	conduisisses
qu'	il	conduisît
que	nous	conduisissions
que	vous	conduisissiez
qu'	ils	conduisissent

Plus-que-parfait

que	j'	eusse	conduit
que	tu	eusses	conduit
qu'	il	eût	conduit
que	nous	eussions	conduit
que	vous	eussiez	conduit
qu'	ils	eussent	conduit

Conditionnel

Présent

je	conduirais
tu	conduirais
il	conduirait
nous	conduirions
vous	conduiriez
ils	conduiraient

Passé

j'	aurais	conduit
tu	aurais	conduit
il	aurait	conduit
nous	aurions	conduit
vous	auriez	conduit
ils	auraient	conduit

Impératif

conduis
conduisons
conduisez

Participe

Présent	Passé
conduisant	conduit(e)

conduire *führen*

Beispiele und Wendungen

C'est moi qui conduis la voiture aujourd'hui.
Ich fahre heute das Auto.

Ils ont d'abord conduit leurs enfants à l'école.
Sie haben zuerst ihre Kinder zur Schule gebracht.

conduire un véhicule	*ein Fahrzeug fahren*
conduire qn quelque part	*jdn. wohin bringen/fahren*
se conduire bêtement	*sich dumm verhalten*

Weitere Verben

construire – cuire – déduire – détruire – éconduire – induire – instruire – introduire – luire – nuire – produire – réduire – séduire – traduire

construire un bâtiment	*ein Gebäude bauen*
déduire des impôts	*von der Steuer abziehen*
détruire un document	*ein Dokument vernichten*
induire qn en erreur	*jdn. irreführen*
séduire une femme	*eine Frau verführen*

Besonderheiten

Vorsicht! Das Participe passé der Verben luire und nuire weicht von der hier dargestellten Form ab: lui und nui. Es ist jeweils unveränderlich.

Tipp

Lernen Sie conduire und lire (Nr. 46) zusammen, diese beiden Verben werden bis auf Passé simple und Subjonctif imparfait identisch konjugiert.

Eigene Notizen:

connaître *kennen*

Indicatif

Présent

je	connais
tu	connais
il	connaît
nous	connaissons
vous	connaissez
ils	connaissent

Passé composé

j'	ai	connu
tu	as	connu
il	a	connu
nous	avons	connu
vous	avez	connu
ils	ont	connu

Imparfait

je	connaissais
tu	connaissais
il	connaissait
nous	connaissions
vous	connaissiez
ils	connaissaient

Plus-que-parfait

j'	avais	connu
tu	avais	connu
il	avait	connu
nous	avions	connu
vous	aviez	connu
ils	avaient	connu

Passé simple

je	connus
tu	connus
il	connut
nous	connûmes
vous	connûtes
ils	connurent

Passé antérieur

j'	eus	connu
tu	eus	connu
il	eut	connu
nous	eûmes	connu
vous	eûtes	connu
ils	eurent	connu

Futur simple

je	connaîtrai
tu	connaîtras
il	connaîtra
nous	connaîtrons
vous	connaîtrez
ils	connaîtront

Futur antérieur

j'	aurai	connu
tu	auras	connu
il	aura	connu
nous	aurons	connu
vous	aurez	connu
ils	auront	connu

Subjonctif

Présent

que	je	connaisse
que	tu	connaisses
qu'	il	connaisse
que	nous	connaissions
que	vous	connaissiez
qu'	ils	connaissent

Passé

que	j'	aie	connu
que	tu	aies	connu
qu'	il	ait	connu
que	nous	ayons	connu
que	vous	ayez	connu
qu'	ils	aient	connu

Imparfait

que	je	connusse
que	tu	connusses
qu'	il	connût
que	nous	connussions
que	vous	connussiez
qu'	ils	connussent

Plus-que-parfait

que	j'	eusse	connu
que	tu	eusses	connu
qu'	il	eût	connu
que	nous	eussions	connu
que	vous	eussiez	connu
qu'	ils	eussent	connu

Conditionnel

Présent

je	connaîtrais
tu	connaîtrais
il	connaîtrait
nous	connaîtrions
vous	connaîtriez
ils	connaîtraient

Passé

j'	aurais	connu
tu	aurais	connu
il	aurait	connu
nous	aurions	connu
vous	auriez	connu
ils	auraient	connu

Impératif

connais
connaissons
connaissez

Participe

Présent	Passé
connaissant	connu(e)

connaître *kennen*

Beispiele und Wendungen

Je le connais depuis des années.
Ich kenne ihn seit Jahren.

Ils se sont connus à Paris.
Sie haben sich in Paris kennen gelernt.

connaître bien qn	*jdn. gut kennen*
connaître la région	*sich in der Region auskennen*
se faire connaître	*sich bekannt machen*
s'y connaître (en qc)	*sich (in etw.) auskennen*

Weitere Verben

apparaître – comparaître – disparaître – méconnaître – paraître – réapparaître – reconnaître – reparaître

comparaître devant un juge	*vor einen Richter treten*
méconnaître qn (bébé)	*fremdeln (Baby)*
paraître dans le journal	*in der Zeitung erscheinen*
reconnaître la vérité	*die Wahrheit zugeben*

Besonderheiten

Achten Sie auf die Stammänderung -aiss- bei vielen Formen:

Les animaux connaissent les plantes qui peuvent leur nuire.
Die Tiere wissen, welche Pflanzen für sie schädlich sind.

Die Verben auf -aître haben nur dann einen Accent circonflexe, wenn dem -i- ein -t folgt:
je conna**i**s ↔ il conna**î**t.

Eigene Notizen:

coudre *nähen*

Indicatif

Présent

je	couds
tu	couds
il	coud
nous	cousons
vous	cousez
ils	cousent

Imparfait

je	cousais
tu	cousais
il	cousait
nous	cousions
vous	cousiez
ils	cousaient

Passé simple

je	cousis
tu	cousis
il	cousit
nous	cousîmes
vous	cousîtes
ils	cousirent

Futur simple

je	coudrai
tu	coudras
il	coudra
nous	coudrons
vous	coudrez
ils	coudront

Passé composé

j'	ai	cousu
tu	as	cousu
il	a	cousu
nous	avons	cousu
vous	avez	cousu
ils	ont	cousu

Plus-que-parfait

j'	avais	cousu
tu	avais	cousu
il	avait	cousu
nous	avions	cousu
vous	aviez	cousu
ils	avaient	cousu

Passé antérieur

j'	eus	cousu
tu	eus	cousu
il	eut	cousu
nous	eûmes	cousu
vous	eûtes	cousu
ils	eurent	cousu

Futur antérieur

j'	aurai	cousu
tu	auras	cousu
il	aura	cousu
nous	aurons	cousu
vous	aurez	cousu
ils	auront	cousu

Subjonctif

Présent

que	je	couse
que	tu	couses
qu'	il	couse
que	nous	cousions
que	vous	cousiez
qu'	ils	cousent

Passé

que	j'	aie	cousu
que	tu	aies	cousu
qu'	il	ait	cousu
que	nous	ayons	cousu
que	vous	ayez	cousu
qu'	ils	aient	cousu

Imparfait

que	je	cousisse
que	tu	cousisses
qu'	il	cousît
que	nous	cousissions
que	vous	cousissiez
qu'	ils	cousissent

Plus-que-parfait

que	j'	eusse	cousu
que	tu	eusses	cousu
qu'	il	eût	cousu
que	nous	eussions	cousu
que	vous	eussiez	cousu
qu'	ils	eussent	cousu

Conditionnel

Présent

je	coudrais
tu	coudrais
il	coudrait
nous	coudrions
vous	coudriez
ils	coudraient

Passé

j'	aurais	cousu
tu	aurais	cousu
il	aurait	cousu
nous	aurions	cousu
vous	auriez	cousu
ils	auraient	cousu

Impératif

couds
cousons
cousez

Participe

Présent	Passé
cousant	cousu(e)

coudre *nähen*

Beispiele und Wendungen

Elle apprend à coudre.
Sie lernt nähen.

Cela doit être cousu avec du gros fil.
Dies muss mit einem dicken Faden genäht werden.

coudre des boutons	*Knöpfe annähen*
coudre à la main / à la machine	*mit der Hand / der Maschine nähen*
coudre une plaie	*eine Wunde nähen*
Gardez bouche cousue !	*Sagen Sie nichts!*
un texte cousu d'erreurs	*ein Text voller Fehler*
être cousu d'or	*sehr reich sein*

Weitere Verben

découdre – recoudre

découdre un ourlet	*einen Saum auftrennen*
recoudre un bouton	*einen Knopf wieder annähen*

Besonderheiten

Der Stamm dieser Verben ist nur im Singular des Indicatif présent sowie im gesamten Futur simple und Conditionnel présent regelmäßig coud-. Bei allen anderen Formen ändert er sich zu cous-:

Elle coud une chemise.
Sie näht ein Hemd.

Elles cousaient du matin au soir.
Sie nähten von früh bis spät.

Eigene Notizen:

courir *laufen*

Indicatif

Présent

je	cours
tu	cours
il	court
nous	courons
vous	courez
ils	courent

Imparfait

je	courais
tu	courais
il	courait
nous	courions
vous	couriez
ils	couraient

Passé simple

je	courus
tu	courus
il	courut
nous	courûmes
vous	courûtes
ils	coururent

Futur simple

je	courrai
tu	courras
il	courra
nous	courrons
vous	courrez
ils	courront

Passé composé

j'	ai	couru
tu	as	couru
il	a	couru
nous	avons	couru
vous	avez	couru
ils	ont	couru

Plus-que-parfait

j'	avais	couru
tu	avais	couru
il	avait	couru
nous	avions	couru
vous	aviez	couru
ils	avaient	couru

Passé antérieur

j'	eus	couru
tu	eus	couru
il	eut	couru
nous	eûmes	couru
vous	eûtes	couru
ils	eurent	couru

Futur antérieur

j'	aurai	couru
tu	auras	couru
il	aura	couru
nous	aurons	couru
vous	aurez	couru
ils	auront	couru

Subjonctif

Présent

que	je	coure
que	tu	coures
qu'	il	coure
que	nous	courions
que	vous	couriez
qu'	ils	courent

Passé

que	j'	aie	couru
que	tu	aies	couru
qu'	il	ait	couru
que	nous	ayons	couru
que	vous	ayez	couru
qu'	ils	aient	couru

Imparfait

que	je	courusse
que	tu	courusses
qu'	il	courût
que	nous	courussions
que	vous	courussiez
qu'	ils	courussent

Plus-que-parfait

que	j'	eusse	couru
que	tu	eusses	couru
qu'	il	eût	couru
que	nous	eussions	couru
que	vous	eussiez	couru
qu'	ils	eussent	couru

Conditionnel

Présent

je	courrais
tu	courrais
il	courrait
nous	courrions
vous	courriez
ils	courraient

Passé

j'	aurais	couru
tu	aurais	couru
il	aurait	couru
nous	aurions	couru
vous	auriez	couru
ils	auraient	couru

Impératif

cours
courons
courez

Participe

Présent	Passé
courant	couru(e)

courir *laufen*

Beispiele und Wendungen

Elle court très vite.
Sie läuft/rennt sehr schnell.

Les enfants se courent après pour s'attraper.
Die Kinder rennen hintereinander her, um sich gegenseitig zu fangen.

courir à toutes jambes	*schnell laufen*
courir après qn	*hinter jdm. herlaufen*
courir les magasins	*die Geschäfte abklappern*
courir un danger	*sich einer Gefahr aussetzen*

Weitere Verben

accourir – concourir – discourir – encourir – parcourir – recourir – secourir

concourir au bonheur de qn	*zu jds. Glück beitragen*
encourir des risques	*Risiken eingehen*
recourir à la force	*Gewalt anwenden*

Besonderheiten

Die zusammengesetzten Zeiten von courir werden stets mit dem Hilfsverb avoir gebildet.
Nur accourir kann mit avoir oder être konjugiert werden:

Il a/est accouru au secours du blessé.
Er ist dem Verletzten zu Hilfe geeilt.

Tipp

Vorsicht! Im Deutschen wird *laufen* in der Umgangssprache oft für *gehen* verwendet.
Im Französischen bedeutet courir aber *laufen* im Sinne von *rennen, schnell laufen*.

Eigene Notizen:

couvrir *decken*

Indicatif

Présent

je	couvre
tu	couvres
il	couvre
nous	couvrons
vous	couvrez
ils	couvrent

Passé composé

j'	ai	couvert
tu	as	couvert
il	a	couvert
nous	avons	couvert
vous	avez	couvert
ils	ont	couvert

Imparfait

je	couvrais
tu	couvrais
il	couvrait
nous	couvrions
vous	couvriez
ils	couvraient

Plus-que-parfait

j'	avais	couvert
tu	avais	couvert
il	avait	couvert
nous	avions	couvert
vous	aviez	couvert
ils	avaient	couvert

Passé simple

je	couvris
tu	couvris
il	couvrit
nous	couvrîmes
vous	couvrîtes
ils	couvrirent

Passé antérieur

j'	eus	couvert
tu	eus	couvert
il	eut	couvert
nous	eûmes	couvert
vous	eûtes	couvert
ils	eurent	couvert

Futur simple

je	couvrirai
tu	couvriras
il	couvrira
nous	couvrirons
vous	couvrirez
ils	couvriront

Futur antérieur

j'	aurai	couvert
tu	auras	couvert
il	aura	couvert
nous	aurons	couvert
vous	aurez	couvert
ils	auront	couvert

Subjonctif

Présent

que	je	couvre
que	tu	couvres
qu'	il	couvre
que	nous	couvrions
que	vous	couvriez
qu'	ils	couvrent

Passé

que	j'	aie	couvert
que	tu	aies	couvert
qu'	il	ait	couvert
que	nous	ayons	couvert
que	vous	ayez	couvert
qu'	ils	aient	couvert

Imparfait

que	je	couvrisse
que	tu	couvrisses
qu'	il	couvrît
que	nous	couvrissions
que	vous	couvrissiez
qu'	ils	couvrissent

Plus-que-parfait

que	j'	eusse	couvert
que	tu	eusses	couvert
qu'	il	eût	couvert
que	nous	eussions	couvert
que	vous	eussiez	couvert
qu'	ils	eussent	couvert

Conditionnel

Présent

je	couvrirais
tu	couvrirais
il	couvrirait
nous	couvririons
vous	couvririez
ils	couvriraient

Passé

j'	aurais	couvert
tu	aurais	couvert
il	aurait	couvert
nous	aurions	couvert
vous	auriez	couvert
ils	auraient	couvert

Impératif

couvre
couvrons
couvrez

Participe

Présent	Passé
couvrant	couvert(e)

couvrir *decken*

Beispiele und Wendungen

Il a couvert sa voiture avec une bâche.
Er hat sein Auto mit einer Plane abgedeckt.

Cet enfant s'enrhumera, vous ne le couvrez pas assez.
Dieses Kind wird sich erkälten, Sie ziehen es nicht warm genug an.

couvrir une faute	*einen Fehler vertuschen*
couvrir les frais de qc	*die Kosten von etw. decken*
se couvrir de honte	*sich sehr schämen*

Weitere Verben

découvrir – entrouvrir – offrir – ouvrir – recouvrir – redécouvrir – rouvrir – souffrir

découvrir un trésor	*einen Schatz finden*
entrouvrir la fenêtre	*das Fenster leicht öffnen*
offrir des fleurs à qn	*jdm. Blumen schenken*
ouvrir un compte	*ein Konto eröffnen*
souffrir de qc	*an / unter etw. leiden*

Besonderheiten

Die Endungen von Indicatif présent und Subjonctif présent sowie die des Imperativs entsprechen denen der Verben auf -er. Die übrigen Formen werden wie bei den Verben auf -ir ohne Stammerweiterung gebildet.

Il ouvre sa boutique la semaine prochaine.
Nächste Woche eröffnet er sein Geschäft.

Ils souffriront beaucoup de votre absence.
Sie werden sehr unter eurer Abwesenheit leiden.

Eigene Notizen:

craindre *fürchten*

Indicatif

Présent

je	crains
tu	crains
il	craint
nous	craignons
vous	craignez
ils	craignent

Passé composé

j'	ai	craint
tu	as	craint
il	a	craint
nous	avons	craint
vous	avez	craint
ils	ont	craint

Imparfait

je	craignais
tu	craignais
il	craignait
nous	craignions
vous	craigniez
ils	craignaient

Plus-que-parfait

j'	avais	craint
tu	avais	craint
il	avait	craint
nous	avions	craint
vous	aviez	craint
ils	avaient	craint

Passé simple

je	craignis
tu	craignis
il	craignit
nous	craignîmes
vous	craignîtes
ils	craignirent

Passé antérieur

j'	eus	craint
tu	eus	craint
il	eut	craint
nous	eûmes	craint
vous	eûtes	craint
ils	eurent	craint

Futur simple

je	craindrai
tu	craindras
il	craindra
nous	craindrons
vous	craindrez
ils	craindront

Futur antérieur

j'	aurai	craint
tu	auras	craint
il	aura	craint
nous	aurons	craint
vous	aurez	craint
ils	auront	craint

Subjonctif

Présent

que	je	craigne
que	tu	craignes
qu'	il	craigne
que	nous	craignions
que	vous	craigniez
qu'	ils	craignent

Passé

que	j'	aie	craint
que	tu	aies	craint
qu'	il	ait	craint
que	nous	ayons	craint
que	vous	ayez	craint
qu'	ils	aient	craint

Imparfait

que	je	craignisse
que	tu	craignisses
qu'	il	craignît
que	nous	craignissions
que	vous	craignissiez
qu'	ils	craignissent

Plus-que-parfait

que	j'	eusse	craint
que	tu	eusses	craint
qu'	il	eût	craint
que	nous	eussions	craint
que	vous	eussiez	craint
qu'	ils	eussent	craint

Conditionnel

Présent

je	craindrais
tu	craindrais
il	craindrait
nous	craindrions
vous	craindriez
ils	craindraient

Passé

j'	aurais	craint
tu	aurais	craint
il	aurait	craint
nous	aurions	craint
vous	auriez	craint
ils	auraient	craint

Impératif

crains
craignons
craignez

Participe

Présent	Passé
craignant	craint(e)

craindre *fürchten*

Beispiele und Wendungen

Ne crains rien, il n'y a pas de danger.
Hab keine Angst, es ist nicht gefährlich.

Ces arbres ne craignent pas le froid.
Diese Bäume sind nicht kälteempfindlich.

craindre le danger	*die Gefahr fürchten*
craindre ses parents	*Respekt vor seinen Eltern haben*

Weitere Verben

contraindre – plaindre

contraindre qn à faire qc	*jdn. zwingen, etw. zu tun*
plaindre qn	*mit jdm. Mitleid haben, jdn. bedauern*
se plaindre de qc	*sich über etw. beklagen/beschweren*

Besonderheiten

Achten Sie bei diesen drei Verben auf die häufige Stammänderung von crain- zu craign- bzw. von contrain- zu contraign- und plain- zu plaign-:

Ils craignent d'être découverts.
Sie befürchten, entdeckt zu werden.

Vorsicht! Craindre que verlangt den Subjonctif:

Je crains qu'il ne puisse pas venir.
Ich fürchte, dass er nicht kommen kann.

Tipp

Wenn Sie bereits die Formen von peindre (Nr. 53) oder joindre (Nr. 45) kennen, wird Ihnen craindre keine große Mühe mehr machen, da es in gleicher Weise konjugiert wird.

Eigene Notizen:

croire *glauben*

Indicatif

Présent

je	crois
tu	crois
il	croit
nous	croyons
vous	croyez
ils	croient

Passé composé

j'	ai	cru
tu	as	cru
il	a	cru
nous	avons	cru
vous	avez	cru
ils	ont	cru

Imparfait

je	croyais
tu	croyais
il	croyait
nous	croyions
vous	croyiez
ils	croyaient

Plus-que-parfait

j'	avais	cru
tu	avais	cru
il	avait	cru
nous	avions	cru
vous	aviez	cru
ils	avaient	cru

Passé simple

je	crus
tu	crus
il	crut
nous	crûmes
vous	crûtes
ils	crurent

Passé antérieur

j'	eus	cru
tu	eus	cru
il	eut	cru
nous	eûmes	cru
vous	eûtes	cru
ils	eurent	cru

Futur simple

je	croirai
tu	croiras
il	croira
nous	croirons
vous	croirez
ils	croiront

Futur antérieur

j'	aurai	cru
tu	auras	cru
il	aura	cru
nous	aurons	cru
vous	aurez	cru
ils	auront	cru

Subjonctif

Présent

que	je	croie
que	tu	croies
qu'	il	croie
que	nous	croyions
que	vous	croyiez
qu'	ils	croient

Passé

que	j'	aie	cru
que	tu	aies	cru
qu'	il	ait	cru
que	nous	ayons	cru
que	vous	ayez	cru
qu'	ils	aient	cru

Imparfait

que	je	crusse
que	tu	crusses
qu'	il	crût
que	nous	crussions
que	vous	crussiez
qu'	ils	crussent

Plus-que-parfait

que	j'	eusse	cru
que	tu	eusses	cru
qu'	il	eût	cru
que	nous	eussions	cru
que	vous	eussiez	cru
qu'	ils	eussent	cru

Conditionnel

Présent

je	croirais
tu	croirais
il	croirait
nous	croirions
vous	croiriez
ils	croiraient

Passé

j'	aurais	cru
tu	aurais	cru
il	aurait	cru
nous	aurions	cru
vous	auriez	cru
ils	auraient	cru

Impératif

crois
croyons
croyez

Participe

Présent	Passé
croyant	cru(e)

croire *glauben*

Beispiele und Wendungen

Qu'est-ce que tu crois ?
Was glaubst du denn?

Je ne crois que ce que je vois.
Ich glaube nur das, was ich sehe.

croire qc / qn	*etw. / jdm. glauben*
croire aux miracles	*an Wunder glauben*
croire en Dieu	*an Gott glauben*

Weitere Verben

mécroire

mécroire en Dieu — *nicht an Gott glauben*

Besonderheiten

In der 1. und 2. Person Plural im Indicatif présent und Subjonctif présent sowie bei den Pluralformen des Imperativs und im gesamten Imparfait ändert sich der Verbstamm von -oi- zu -oy-:

Ils croyaient vraiment bien faire.
Sie dachten wirklich, sie täten etwas Gutes.

Achten Sie auch auf die Formen des Passé simple und des Subjonctif imparfait sowie auf das Participe passé:

Il n'en crut pas / Il n'en a pas cru ses yeux.
Er traute seinen Augen nicht.

Tipp

Lernen Sie croire immer mit der passenden Präposition, z. B. croire **à** la victoire *an den Sieg glauben*, croire **en** Dieu *an Gott glauben*, …

Eigene Notizen:

croître *wachsen*

Indicatif

Présent

je	croîs
tu	croîs
il	croît
nous	croissons
vous	croissez
ils	croissent

Passé composé

j'	ai	crû
tu	as	crû
il	a	crû
nous	avons	crû
vous	avez	crû
ils	ont	crû

Imparfait

je	croissais
tu	croissais
il	croissait
nous	croissions
vous	croissiez
ils	croissaient

Plus-que-parfait

j'	avais	crû
tu	avais	crû
il	avait	crû
nous	avions	crû
vous	aviez	crû
ils	avaient	crû

Passé simple

je	crûs
tu	crûs
il	crût
nous	crûmes
vous	crûtes
ils	crûrent

Passé antérieur

j'	eus	crû
tu	eus	crû
il	eut	crû
nous	eûmes	crû
vous	eûtes	crû
ils	eurent	crû

Futur simple

je	croîtrai
tu	croîtras
il	croîtra
nous	croîtrons
vous	croîtrez
ils	croîtront

Futur antérieur

j'	aurai	crû
tu	auras	crû
il	aura	crû
nous	aurons	crû
vous	aurez	crû
ils	auront	crû

Subjonctif

Présent

que	je	croisse
que	tu	croisses
qu'	il	croisse
que	nous	croissions
que	vous	croissiez
qu'	ils	croissent

Passé

que	j'	aie	crû
que	tu	aies	crû
qu'	il	ait	crû
que	nous	ayons	crû
que	vous	ayez	crû
qu'	ils	aient	crû

Imparfait

que	je	crûsse
que	tu	crûsses
qu'	il	crût
que	nous	crûssions
que	vous	crûssiez
qu'	ils	crûssent

Plus-que-parfait

que	j'	eusse	crû
que	tu	eusses	crû
qu'	il	eût	crû
que	nous	eussions	crû
que	vous	eussiez	crû
qu'	ils	eussent	crû

Conditionnel

Présent

je	croîtrais
tu	croîtrais
il	croîtrait
nous	croîtrions
vous	croîtriez
ils	croîtraient

Passé

j'	aurais	crû
tu	aurais	crû
il	aurait	crû
nous	aurions	crû
vous	auriez	crû
ils	auraient	crû

Impératif

croîs
croissons
croissez

Participe

Présent	Passé
croissant	crû (crue)

croître *wachsen*

Beispiele und Wendungen

Cette pluie a fait croître les blés.
Dieser Regen hat den Weizen wachsen lassen.

Les jours croissent.
Die Tage werden länger.

Le tumulte allait croissant.
Die Unruhe stieg stetig.

Il s'est laissé croître la barbe.
Er hat sich den Bart wachsen lassen.

un animal / une plante croît	*ein Tier / eine Pflanze wächst*
la fièvre croît	*das Fieber steigt*
le bruit croît	*der Lärm wird immer stärker*

Besonderheiten

Der Accent circonflexe steht bei croître vor -t und vor allen Formen, die mit denen des Verbs croire (Nr. 33) verwechselt werden könnten:

Il croît du lin dans ce pays.
In diesem Land wächst Leinen.

Le fleuve a crû à cause de la fonte des neiges.
Der Fluss ist durch die Schneeschmelze angeschwollen.

Tipp

Das Verb wird wie accroître (Nr. 19) konjugiert, aus den o. g. Gründen gibt es dennoch Unterschiede in der Verwendung des Accent circonflexe (î, û).

Manche unregelmäßigen Formen des Verbs erkennt man auch in Substantiven wieder: la croissance *das Wachstum* und le croissant *das Hörnchen*.

Eigene Notizen:

cueillir *pflücken*

Indicatif

Présent

je	cueille
tu	cueilles
il	cueille
nous	cueillons
vous	cueillez
ils	cueillent

Passé composé

j'	ai	cueilli
tu	as	cueilli
il	a	cueilli
nous	avons	cueilli
vous	avez	cueilli
ils	ont	cueilli

Imparfait

je	cueillais
tu	cueillais
il	cueillait
nous	cueillions
vous	cueilliez
ils	cueillaient

Plus-que-parfait

j'	avais	cueilli
tu	avais	cueilli
il	avait	cueilli
nous	avions	cueilli
vous	aviez	cueilli
ils	avaient	cueilli

Passé simple

je	cueillis
tu	cueillis
il	cueillit
nous	cueillîmes
vous	cueillîtes
ils	cueillirent

Passé antérieur

j'	eus	cueilli
tu	eus	cueilli
il	eut	cueilli
nous	eûmes	cueilli
vous	eûtes	cueilli
ils	eurent	cueilli

Futur simple

je	cueillerai
tu	cueilleras
il	cueillera
nous	cueillerons
vous	cueillerez
ils	cueilleront

Futur antérieur

j'	aurai	cueilli
tu	auras	cueilli
il	aura	cueilli
nous	aurons	cueilli
vous	aurez	cueilli
ils	auront	cueilli

Subjonctif

Présent

que	je	cueille
que	tu	cueilles
qu'	il	cueille
que	nous	cueillions
que	vous	cueilliez
qu'	ils	cueillent

Passé

que	j'	aie	cueilli
que	tu	aies	cueilli
qu'	il	ait	cueilli
que	nous	ayons	cueilli
que	vous	ayez	cueilli
qu'	ils	aient	cueilli

Imparfait

que	je	cueillisse
que	tu	cueillisses
qu'	il	cueillît
que	nous	cueillissions
que	vous	cueillissiez
qu'	ils	cueillissent

Plus-que-parfait

que	j'	eusse	cueilli
que	tu	eusses	cueilli
qu'	il	eût	cueilli
que	nous	eussions	cueilli
que	vous	eussiez	cueilli
qu'	ils	eussent	cueilli

Conditionnel

Présent

je	cueillerais
tu	cueillerais
il	cueillerait
nous	cueillerions
vous	cueilleriez
ils	cueilleraient

Passé

j'	aurais	cueilli
tu	aurais	cueilli
il	aurait	cueilli
nous	aurions	cueilli
vous	auriez	cueilli
ils	auraient	cueilli

Impératif

cueille
cueillons
cueillez

Participe

Présent	Passé
cueillant	cueilli(e)

cueillir *pflücken*

Beispiele und Wendungen

Je vais cueillir un bouquet de fleurs.
Ich gehe einen Blumenstrauß pflücken.

Ne cueillez pas les edelweiss, ce sont des fleurs protégées !
Pflückt bitte nicht die Edelweiß, es sind geschützte Pflanzen!

cueillir des cerises	*Kirschen ernten*
cueillir des champignons	*Pilze sammeln*
cueillir un voleur	*einen Dieb schnappen*

Weitere Verben

accueillir – recueillir

accueillir qn à bras ouverts	*jdn. mit offenen Armen aufnehmen*
accueillir les immigrés	*Einwanderer aufnehmen*
recueillir des informations	*Informationen einholen*
recueillir des animaux	*Tiere auflesen/zu sich nehmen*
recueillir des suffrages (aux élections)	*Stimmen bekommen (bei einer Wahl)*
se recueillir sur la tombe de qn	*andächtig vor jds. Grab stehen*

Besonderheiten

Bis auf Passé simple, Subjonctif imparfait und Participe passé entsprechen die Endungen der einfachen Zeiten denen der 1. Gruppe (Nr. 3, parler):

Tous les étés je cueille des fraises pour faire de la confiture.
Jeden Sommer pflücke ich Erdbeeren, um Marmelade zu kochen.

Ils cueillirent le voleur sur le parking.
Sie schnappten den Dieb auf dem Parkplatz.

Eigene Notizen:

devoir *müssen*

Indicatif

Présent

je	dois
tu	dois
il	doit
nous	devons
vous	devez
ils	doivent

Passé composé

j'	ai	dû
tu	as	dû
il	a	dû
nous	avons	dû
vous	avez	dû
ils	ont	dû

Imparfait

je	devais
tu	devais
il	devait
nous	devions
vous	deviez
ils	devaient

Plus-que-parfait

j'	avais	dû
tu	avais	dû
il	avait	dû
nous	avions	dû
vous	aviez	dû
ils	avaient	dû

Passé simple

je	dus
tu	dus
il	dut
nous	dûmes
vous	dûtes
ils	durent

Passé antérieur

j'	eus	dû
tu	eus	dû
il	eut	dû
nous	eûmes	dû
vous	eûtes	dû
ils	eurent	dû

Futur simple

je	devrai
tu	devras
il	devra
nous	devrons
vous	devrez
ils	devront

Futur antérieur

j'	aurai	dû
tu	auras	dû
il	aura	dû
nous	aurons	dû
vous	aurez	dû
ils	auront	dû

Subjonctif

Présent

que	je	doive
que	tu	doives
qu'	il	doive
que	nous	devions
que	vous	deviez
qu'	ils	doivent

Passé

que	j'	aie	dû
que	tu	aies	dû
qu'	il	ait	dû
que	nous	ayons	dû
que	vous	ayez	dû
qu'	ils	aient	dû

Imparfait

que	je	dusse
que	tu	dusses
qu'	il	dût
que	nous	dussions
que	vous	dussiez
qu'	ils	dussent

Plus-que-parfait

que	j'	eusse	dû
que	tu	eusses	dû
qu'	il	eût	dû
que	nous	eussions	dû
que	vous	eussiez	dû
qu'	ils	eussent	dû

Conditionnel

Présent

je	devrais
tu	devrais
il	devrait
nous	devrions
vous	devriez
ils	devraient

Passé

j'	aurais	dû
tu	aurais	dû
il	aurait	dû
nous	aurions	dû
vous	auriez	dû
ils	auraient	dû

Impératif

dois
devons
devez

Participe

Présent	Passé
devant	dû, due, du(e)s

devoir *müssen*

Beispiele und Wendungen

Il doit venir demain.
Er soll morgen kommen.

Vous me devez 100 euros.
Sie sind mir 100 Euro schuldig.

devoir faire qc	*etw. machen müssen*
devoir le respect à ses parents	*seinen Eltern zu Respekt verpflichtet sein*
devoir de l'argent à qn	*jdm. Geld schulden*
devoir son bonheur à qn	*jdm. sein Glück verdanken*
se devoir de faire qc	*verpflichtet sein, etw. zu tun*

Besonderheiten

Achtung! Der Stamm dev- wird zu doi- bzw. doiv- im Singular und in der 3. Person Plural des Indicatif présent und Subjonctif présent sowie im Singular des Imperativs:

Ils doivent apprendre beaucoup de choses à l'école.
Sie müssen in der Schule vieles lernen.

Passé simple und folglich auch Subjonctif imparfait haben den Stamm du-:

Il dut en parler à sa femme.
Er musste es seiner Frau sagen.

Tipp

Prägen Sie sich alle Formen gut ein, da devoir häufig gebraucht wird. Bilden Sie mit den oben genannten Beispielen und Wendungen Sätze in jeder Person des Indicatif présent und sprechen Sie diese laut nach. Sie werden sehen, dass Sie die Formen dann schnell beherrschen.

Eigene Notizen:

dire *sagen*

Indicatif

Présent
je	dis
tu	dis
il	dit
nous	disons
vous	dites
ils	disent

Passé composé
j'	ai	dit
tu	as	dit
il	a	dit
nous	avons	dit
vous	avez	dit
ils	ont	dit

Imparfait
je	disais
tu	disais
il	disait
nous	disions
vous	disiez
ils	disaient

Plus-que-parfait
j'	avais	dit
tu	avais	dit
il	avait	dit
nous	avions	dit
vous	aviez	dit
ils	avaient	dit

Passé simple
je	dis
tu	dis
il	dit
nous	dîmes
vous	dîtes
ils	dirent

Passé antérieur
j'	eus	dit
tu	eus	dit
il	eut	dit
nous	eûmes	dit
vous	eûtes	dit
ils	eurent	dit

Futur simple
je	dirai
tu	diras
il	dira
nous	dirons
vous	direz
ils	diront

Futur antérieur
j'	aurai	dit
tu	auras	dit
il	aura	dit
nous	aurons	dit
vous	aurez	dit
ils	auront	dit

Subjonctif

Présent
que	je	dise
que	tu	dises
qu'	il	dise
que	nous	disions
que	vous	disiez
qu'	ils	disent

Passé
que	j'	aie	dit
que	tu	aies	dit
qu'	il	ait	dit
que	nous	ayons	dit
que	vous	ayez	dit
qu'	ils	aient	dit

Imparfait
que	je	disse
que	tu	disses
qu'	il	dît
que	nous	dissions
que	vous	dissiez
qu'	ils	dissent

Plus-que-parfait
que	j'	eusse	dit
que	tu	eusses	dit
qu'	il	eût	dit
que	nous	eussions	dit
que	vous	eussiez	dit
qu'	ils	eussent	dit

Conditionnel

Présent
je	dirais
tu	dirais
il	dirait
nous	dirions
vous	diriez
ils	diraient

Passé
j'	aurais	dit
tu	aurais	dit
il	aurait	dit
nous	aurions	dit
vous	auriez	dit
ils	auraient	dit

Impératif

dis
disons
dites

Participe

Présent	Passé
disant	dit(e)

dire *sagen*

Beispiele und Wendungen

Il ne dit pas toujours la vérité.
Er sagt nicht immer die Wahrheit.

Qu'est-ce que vous dites ?
Was sagen Sie?

dire qc à qn	*jdm. etw. sagen*
dire ce qui est	*Tatsachen reden*
dire ses quatre vérités à qn	*mit jdm. Tacheles reden*
vouloir dire	*bedeuten*

Weitere Verben

contredire – dédire – interdire – médire – prédire – redire

contredire qn	*jdm. widersprechen*
médire sur / de qn	*über jdn. lästern*
prédire l'avenir	*die Zukunft vorhersagen*

Besonderheiten

Vorsicht! Die 2. Person Plural von dire und redire ist im Indicatif présent und im Imperativ völlig unregelmäßig: vous **dites**, vous **redites**.

Qu'est-ce que vous dites ?
Was sagen Sie?

Eine 2. Person Plural auf -disez haben hingegen contredire, dédire, interdire, médire und prédire: vous contre**disez**, vous dé**disez**, vous inter**disez**, vous mé**disez**, vous pré**disez**.

Vous nous contredisez toujours.
Sie widersprechen uns immer.

Eigene Notizen:

dormir *schlafen*

Indicatif

Présent

je	dors
tu	dors
il	dort
nous	dormons
vous	dormez
ils	dorment

Passé composé

j'	ai	dormi
tu	as	dormi
il	a	dormi
nous	avons	dormi
vous	avez	dormi
ils	ont	dormi

Imparfait

je	dormais
tu	dormais
il	dormait
nous	dormions
vous	dormiez
ils	dormaient

Plus-que-parfait

j'	avais	dormi
tu	avais	dormi
il	avait	dormi
nous	avions	dormi
vous	aviez	dormi
ils	avaient	dormi

Passé simple

je	dormis
tu	dormis
il	dormit
nous	dormîmes
vous	dormîtes
ils	dormirent

Passé antérieur

j'	eus	dormi
tu	eus	dormi
il	eut	dormi
nous	eûmes	dormi
vous	eûtes	dormi
ils	eurent	dormi

Futur simple

je	dormirai
tu	dormiras
il	dormira
nous	dormirons
vous	dormirez
ils	dormiront

Futur antérieur

j'	aurai	dormi
tu	auras	dormi
il	aura	dormi
nous	aurons	dormi
vous	aurez	dormi
ils	auront	dormi

Subjonctif

Présent

que	je	dorme
que	tu	dormes
qu'	il	dorme
que	nous	dormions
que	vous	dormiez
qu'	ils	dorment

Passé

que	j'	aie	dormi
que	tu	aies	dormi
qu'	il	ait	dormi
que	nous	ayons	dormi
que	vous	ayez	dormi
qu'	ils	aient	dormi

Imparfait

que	je	dormisse
que	tu	dormisses
qu'	il	dormît
que	nous	dormissions
que	vous	dormissiez
qu'	ils	dormissent

Plus-que-parfait

que	j'	eusse	dormi
que	tu	eusses	dormi
qu'	il	eût	dormi
que	nous	eussions	dormi
que	vous	eussiez	dormi
qu'	ils	eussent	dormi

Conditionnel

Présent

je	dormirais
tu	dormirais
il	dormirait
nous	dormirions
vous	dormiriez
ils	dormiraient

Passé

j'	aurais	dormi
tu	aurais	dormi
il	aurait	dormi
nous	aurions	dormi
vous	auriez	dormi
ils	auraient	dormi

Impératif

dors
dormons
dormez

Participe

Présent	**Passé**
dormant	dormi *(unveränderlich)*

dormir *schlafen*

Beispiele und Wendungen

Vous dormez à l'hôtel ?
Schlafen Sie im Hotel?

Le soir, je dors de bonne heure.
Abends gehe ich früh schlafen.

dormir d'un sommeil de plomb	*tief und fest schlafen*
ne dormir que d'un œil	*nicht fest schlafen*
laisser dormir un projet	*ein Projekt ruhen lassen*
Il faut se méfier de l'eau qui dort.	*Stille Wasser sind tief.*

Weitere Verben

endormir – rendormir

s'endormir facilement	*leicht einschlafen*
rendormir un patient	*einen Patienten nochmals narkotisieren*

Besonderheiten

Wie die Verben der Gruppe partir (Nr. 52) und der Gruppe servir (Nr. 65) verliert dormir im Singular des Indicatif présent und des Imperativs den Endkonsonanten des Stamms, in diesem Fall das -m-:

Il dort comme un loir.
Er schläft wie ein Murmeltier.

Tipp

Einige Formen des Verbs dormir finden Sie im Märchenschatz oder in Schlafliedern:
La Belle au Bois Dormant *Dornröschen*, Meunier, tu dors. *He Müller, wach auf*. …

Eigene Notizen:

écrire *schreiben*

Indicatif

Présent

j'	écris
tu	écris
il	écrit
nous	écrivons
vous	écrivez
ils	écrivent

Imparfait

j'	écrivais
tu	écrivais
il	écrivait
nous	écrivions
vous	écriviez
ils	écrivaient

Passé simple

j'	écrivis
tu	écrivis
il	écrivit
nous	écrivîmes
vous	écrivîtes
ils	écrivirent

Futur simple

j'	écrirai
tu	écriras
il	écrira
nous	écrirons
vous	écrirez
ils	écriront

Passé composé

j'	ai	écrit
tu	as	écrit
il	a	écrit
nous	avons	écrit
vous	avez	écrit
ils	ont	écrit

Plus-que-parfait

j'	avais	écrit
tu	avais	écrit
il	avait	écrit
nous	avions	écrit
vous	aviez	écrit
ils	avaient	écrit

Passé antérieur

j'	eus	écrit
tu	eus	écrit
il	eut	écrit
nous	eûmes	écrit
vous	eûtes	écrit
ils	eurent	écrit

Futur antérieur

j'	aurai	écrit
tu	auras	écrit
il	aura	écrit
nous	aurons	écrit
vous	aurez	écrit
ils	auront	écrit

Subjonctif

Présent

que	j'	écrive
que	tu	écrives
qu'	il	écrive
que	nous	écrivions
que	vous	écriviez
qu'	ils	écrivent

Passé

que	j'	aie	écrit
que	tu	aies	écrit
qu'	il	ait	écrit
que	nous	ayons	écrit
que	vous	ayez	écrit
qu'	ils	aient	écrit

Imparfait

que	j'	écrivisse
que	tu	écrivisses
qu'	il	écrivît
que	nous	écrivissions
que	vous	écrivissiez
qu'	ils	écrivissent

Plus-que-parfait

que	j'	eusse	écrit
que	tu	eusses	écrit
qu'	il	eût	écrit
que	nous	eussions	écrit
que	vous	eussiez	écrit
qu'	ils	eussent	écrit

Conditionnel

Présent

j'	écrirais
tu	écrirais
il	écrirait
nous	écririons
vous	écririez
ils	écriraient

Passé

j'	aurais	écrit
tu	aurais	écrit
il	aurait	écrit
nous	aurions	écrit
vous	auriez	écrit
ils	auraient	écrit

Impératif

écris
écrivons
écrivez

Participe

Présent	Passé
écrivant	écrit(e)

écrire *schreiben*

Beispiele und Wendungen

Écris ton nom en haut à droite.
Schreib deinen Namen rechts oben hin.

Je lui ai écrit une lettre.
Ich habe ihm einen Brief geschrieben.

écrire un roman	*einen Roman schreiben*
écrire qc sur un sujet	*etw. über ein Thema schreiben*
écrire à la main / à la machine	*per Hand / mit der Maschine schreiben*

Weitere Verben

circonscrire – décrire – inscrire – prescrire – proscrire – réécrire – se réinscrire – souscrire – transcrire

circonscrire un incendie	*einen Brand eindämmen*
s'inscrire à l'université	*sich an der Universität einschreiben*
prescrire un médicament	*ein Medikament verschreiben*
souscrire un contrat	*einen Vertrag abschließen*

Besonderheiten

Im Plural des Indicatif présent und des Imperativs sowie bei allen Formen des Imparfait, des Passé simple, des Subjonctif présent und Subjonctif imparfait ändert sich der Stamm, ein -v- wird hinzugefügt:

Il me décrivait toujours tout dans le moindre détail.
Er beschrieb mir immer alles bis ins kleinste Detail.

Tipp

Merken Sie sich als Eselsbrücke, dass auch das vom Verb écrire abgeleitete Substantiv écrivain ein -v- enthält: un grand écri**v**ain *ein großer Schriftsteller*.

Eigene Notizen:

exclure *ausschließen*

Indicatif

Présent

j'	exclus
tu	exclus
il	exclut
nous	excluons
vous	excluez
ils	excluent

Imparfait

j'	excluais
tu	excluais
il	excluait
nous	excluions
vous	excluiez
ils	excluaient

Passé simple

j'	exclus
tu	exclus
il	exclut
nous	exclûmes
vous	exclûtes
ils	exclurent

Futur simple

j'	exclurai
tu	excluras
il	exclura
nous	exclurons
vous	exclurez
ils	excluront

Passé composé

j'	ai	exclu
tu	as	exclu
il	a	exclu
nous	avons	exclu
vous	avez	exclu
ils	ont	exclu

Plus-que-parfait

j'	avais	exclu
tu	avais	exclu
il	avait	exclu
nous	avions	exclu
vous	aviez	exclu
ils	avaient	exclu

Passé antérieur

j'	eus	exclu
tu	eus	exclu
il	eut	exclu
nous	eûmes	exclu
vous	eûtes	exclu
ils	eurent	exclu

Futur antérieur

j'	aurai	exclu
tu	auras	exclu
il	aura	exclu
nous	aurons	exclu
vous	aurez	exclu
ils	auront	exclu

Subjonctif

Présent

que	j'	exclue
que	tu	exclues
qu'	il	exclue
que	nous	excluions
que	vous	excluiez
qu'	ils	excluent

Passé

que	j'	aie	exclu
que	tu	aies	exclu
qu'	il	ait	exclu
que	nous	ayons	exclu
que	vous	ayez	exclu
qu'	ils	aient	exclu

Imparfait

que	j'	exclusse
que	tu	exclusses
qu'	il	exclût
que	nous	exclussions
que	vous	exclussiez
qu'	ils	exclussent

Plus-que-parfait

que	j'	eusse	exclu
que	tu	eusses	exclu
qu'	il	eût	exclu
que	nous	eussions	exclu
que	vous	eussiez	exclu
qu'	ils	eussent	exclu

Conditionnel

Présent

j'	exclurais
tu	exclurais
il	exclurait
nous	exclurions
vous	excluriez
ils	excluraient

Passé

j'	aurais	exclu
tu	aurais	exclu
il	aurait	exclu
nous	aurions	exclu
vous	auriez	exclu
ils	auraient	exclu

Impératif

exclus
excluons
excluez

Participe

Présent	Passé
excluant	exclu(e)

exclure *ausschließen*

Beispiele und Wendungen

Il a été exclu du syndicat.
Er ist aus der Gewerkschaft ausgeschlossen worden.

Je veux bien admettre ceci, mais cela, je l'exclus totalement.
Dies akzeptiere ich, aber das lehne ich vollkommen ab.

exclure qc	*etw. ausschließen*
exclure qn de qc	*jdn. von etw. ausschließen*

Weitere Verben

conclure – inclure

conclure une affaire	*ein Geschäft abschließen*
conclure un discours par qc	*eine Rede mit etw. beenden*
conclure qc de qc	*etw. aus einer Sache schließen*
inclure la T.V.A.	*die Mehrwertsteuer mitrechnen*

Besonderheiten

Im Singular haben diese Verben im Indicatif présent und im Passé simple jeweils die gleichen Formen, deren Sinn man also aus dem Kontext erschließen muss:

Il n'exclut pas que vous ayez raison.
Er schließt/schloss nicht aus, dass Sie Recht haben.

Inclure wird wie conclure und exclure konjugiert, nur das Partizip weicht ab: inclus(e).

Tipp

Wenn Sie einen Text in der Fremdsprache lesen, konzentrieren Sie sich erst einmal nur auf die bereits bekannten Wörter! Die unbekannten Wörter lassen sich dann leicht aus dem Kontext erschließen.

Eigene Notizen:

faire *tun, machen*

Indicatif

Présent

je	fais
tu	fais
il	fait
nous	faisons
vous	faites
ils	font

Imparfait

je	faisais
tu	faisais
il	faisait
nous	faisions
vous	faisiez
ils	faisaient

Passé simple

je	fis
tu	fis
il	fit
nous	fîmes
vous	fîtes
ils	firent

Futur simple

je	ferai
tu	feras
il	fera
nous	ferons
vous	ferez
ils	feront

Passé composé

j'	ai	fait
tu	as	fait
il	a	fait
nous	avons	fait
vous	avez	fait
ils	ont	fait

Plus-que-parfait

j'	avais	fait
tu	avais	fait
il	avait	fait
nous	avions	fait
vous	aviez	fait
ils	avaient	fait

Passé antérieur

j'	eus	fait
tu	eus	fait
il	eut	fait
nous	eûmes	fait
vous	eûtes	fait
ils	eurent	fait

Futur antérieur

j'	aurai	fait
tu	auras	fait
il	aura	fait
nous	aurons	fait
vous	aurez	fait
ils	auront	fait

Subjonctif

Présent

que	je	fasse
que	tu	fasses
qu'	il	fasse
que	nous	fassions
que	vous	fassiez
qu'	ils	fassent

Passé

que	j'	aie	fait
que	tu	aies	fait
qu'	il	ait	fait
que	nous	ayons	fait
que	vous	ayez	fait
qu'	ils	aient	fait

Imparfait

que	je	fisse
que	tu	fisses
qu'	il	fît
que	nous	fissions
que	vous	fissiez
qu'	ils	fissent

Plus-que-parfait

que	j'	eusse	fait
que	tu	eusses	fait
qu'	il	eût	fait
que	nous	eussions	fait
que	vous	eussiez	fait
qu'	ils	eussent	fait

Conditionnel

Présent

je	ferais
tu	ferais
il	ferait
nous	ferions
vous	feriez
ils	feraient

Passé

j'	aurais	fait
tu	aurais	fait
il	aurait	fait
nous	aurions	fait
vous	auriez	fait
ils	auraient	fait

Impératif

fais
faisons
faites

Participe

Présent	Passé
faisant	fait(e)

faire *tun, machen*

Beispiele und Wendungen

Ma mère fait le déjeuner.
Meine Mutter macht das Essen.

Qu'est-ce que vous faites comme travail ?
Welche Arbeit machen Sie?

faire les courses	*einkaufen*
faire mal à qn	*jdm. wehtun*
faire la guerre	*Krieg führen*
faire des efforts	*sich bemühen, sich anstrengen*
faire du tort à qn	*jdm. Schaden zufügen*
faire le mort	*sich tot stellen*

Weitere Verben

contrefaire – défaire – forfaire – parfaire – redéfaire – refaire – satisfaire – stupéfaire – surfaire

contrefaire qn	*jdn. nachahmen*
défaire un paquet	*ein Paket aufmachen*
parfaire un ouvrage	*ein Werk vollenden*

Besonderheiten

Achtung! Die 2. Person Plural von faire im Indicatif présent heißt vous **faites**!

Bei den Formen auf fais- (nous **fais**ons, je **fais**ais, …) wird die Silbe -ai- wie -e- ausgesprochen, wie in je **fe**rai, …

Tipp

Schreiben Sie die Formen von faire mehrfach ab, um sie zu üben, denn dieses Verb wird in sehr vielen Wendungen gebraucht!

Eigene Notizen:

falloir *nötig sein*

Indicatif

Présent
—
—
il faut
—
—
—

Passé composé
—
—
il a fallu
—
—
—

Imparfait
—
—
il fallait
—
—
—

Plus-que-parfait
—
—
il avait fallu
—
—
—

Passé simple
—
—
il fallut
—
—
—

Passé antérieur
—
—
il eut fallu
—
—
—

Futur simple
—
—
il faudra
—
—
—

Futur antérieur
—
—
il aura fallu
—
—
—

Subjonctif

Présent
—
—
qu'il faille
—
—
—

Passé
—
—
qu'il ait fallu
—
—
—

Imparfait
—
—
qu'il fallût
—
—
—

Plus-que-parfait
—
—
qu'il eût fallu
—
—
—

Conditionnel

Présent
—
—
il faudrait
—
—
—

Passé
—
—
il aurait fallu
—
—
—

Impératif
—
—
—

Participe

Présent	Passé
—	fallu *(unveränderlich)*

falloir *nötig sein*

Beispiele und Wendungen

Il me faut de la farine.
Ich brauche Mehl.

Il faut qu'il parte demain.
Er muss morgen abreisen.

il faut faire qc	*man muss etw. tun*
il ne faut pas…	*man darf nicht …, man soll nicht …*
une personne comme il faut	*eine anständige Person*
il faut voir ce que cela deviendra	*es ist abzuwarten, was daraus wird*
Il faut voir !	*Das muss man sehen!*
il s'en faut de peu que…	*es fehlt wenig dazu, dass …*

Besonderheiten

Die sehr geläufige unpersönliche Wendung il faut que verlangt den Subjonctif:

Il faut que tu viennes me voir demain matin.
Du musst mich morgen früh besuchen.

Il ne faut pas wird immer mit *man darf nicht …, man soll nicht …* übersetzt.
Man muss nicht heißt im Französischen on ne doit pas!

Tipp

Il faut findet man in vielen Sprichwörtern oder auch Werbeslogans:

Rien ne sert de courir, il faut partir à point.
Es nützt nichts zu rennen, man muss rechtzeitig starten.

Il ne faut pas vendre la peau de l'ours avant de l'avoir tué.
Man darf die Haut des Bären nicht verkaufen, bevor man ihn getötet hat.
= Man darf keine voreiligen Schlüsse ziehen.

Eigene Notizen:

fuir *fliehen*

-i- → -y- bei endungsbetonten Formen

Indicatif

Présent

je	fuis
tu	fuis
il	fuit
nous	fuyons
vous	fuyez
ils	fuient

Imparfait

je	fuyais
tu	fuyais
il	fuyait
nous	fuyions
vous	fuyiez
ils	fuyaient

Passé simple

je	fuis
tu	fuis
il	fuit
nous	fuîmes
vous	fuîtes
ils	fuirent

Futur simple

je	fuirai
tu	fuiras
il	fuira
nous	fuirons
vous	fuirez
ils	fuiront

Passé composé

j'	ai	fui
tu	as	fui
il	a	fui
nous	avons	fui
vous	avez	fui
ils	ont	fui

Plus-que-parfait

j'	avais	fui
tu	avais	fui
il	avait	fui
nous	avions	fui
vous	aviez	fui
ils	avaient	fui

Passé antérieur

j'	eus	fui
tu	eus	fui
il	eut	fui
nous	eûmes	fui
vous	eûtes	fui
ils	eurent	fui

Futur antérieur

j'	aurai	fui
tu	auras	fui
il	aura	fui
nous	aurons	fui
vous	aurez	fui
ils	auront	fui

Subjonctif

Présent

que	je	fuie
que	tu	fuies
qu'	il	fuie
que	nous	fuyions
que	vous	fuyiez
qu'	ils	fuient

Passé

que	j'	aie	fui
que	tu	aies	fui
qu'	il	ait	fui
que	nous	ayons	fui
que	vous	ayez	fui
qu'	ils	aient	fui

Imparfait

que	je	fuisse
que	tu	fuisses
qu'	il	fuît
que	nous	fuissions
que	vous	fuissiez
qu'	ils	fuissent

Plus-que-parfait

que	j'	eusse	fui
que	tu	eusses	fui
qu'	il	eût	fui
que	nous	eussions	fui
que	vous	eussiez	fui
qu'	ils	eussent	fui

Conditionnel

Présent

je	fuirais
tu	fuirais
il	fuirait
nous	fuirions
vous	fuiriez
ils	fuiraient

Passé

j'	aurais	fui
tu	aurais	fui
il	aurait	fui
nous	aurions	fui
vous	auriez	fui
ils	auraient	fui

Impératif

fuis
fuyons
fuyez

Participe

Présent	Passé
fuyant	fui(e)

fuir *fliehen*

Beispiele und Wendungen

Il fuit devant le moindre danger.
Er flieht vor der geringsten Gefahr.

Il a fui ses agresseurs.
Er ist vor seinen Angreifern geflohen.

faire fuir qn	*jdn. fortjagen, jdn. verscheuchen*
fuir les difficultés	*Schwierigkeiten aus dem Weg gehen*
on ne peut fuir son destin	*man kann seinem Schicksal nicht entfliehen*
ce vase fuit	*diese Vase ist undicht*

Weitere Verben

s'enfuir

s'enfuir de prison	*aus dem Gefängnis fliehen*
le temps s'enfuit	*die Zeit vergeht*
ma jeunesse enfuie	*meine vergangene Jugend*

Besonderheiten

Bei diesen beiden Verben wird das -i- zu -y- bei endungsbetonten Formen, also in der 1. und 2. Person Plural des Indicatif présent und Subjonctif présent sowie im Imparfait, im Imperativ Plural und beim Participe présent:

Je ne veux pas que vous vous enfuyiez.
Ich will nicht, dass ihr die Flucht ergreift.

En s'enfuyant de prison, il a enfin retrouvé sa liberté.
Mit seiner Flucht aus dem Gefängnis hat er endlich seine Freiheit wiedererlangt.

Eigene Notizen:

haïr *hassen*

Indicatif

Présent

je	hais
tu	hais
il	hait
nous	haïssons
vous	haïssez
ils	haïssent

Passé composé

j'	ai	haï
tu	as	haï
il	a	haï
nous	avons	haï
vous	avez	haï
ils	ont	haï

Imparfait

je	haïssais
tu	haïssais
il	haïssait
nous	haïssions
vous	haïssiez
ils	haïssaient

Plus-que-parfait

j'	avais	haï
tu	avais	haï
il	avait	haï
nous	avions	haï
vous	aviez	haï
ils	avaient	haï

Passé simple

je	haïs
tu	haïs
il	haït
nous	haïmes
vous	haïtes
ils	haïrent

Passé antérieur

j'	eus	haï
tu	eus	haï
il	eut	haï
nous	eûmes	haï
vous	eûtes	haï
ils	eurent	haï

Futur simple

je	haïrai
tu	haïras
il	haïra
nous	haïrons
vous	haïrez
ils	haïront

Futur antérieur

j'	aurai	haï
tu	auras	haï
il	aura	haï
nous	aurons	haï
vous	aurez	haï
ils	auront	haï

Subjonctif

Présent

que	je	haïsse
que	tu	haïsses
qu'	il	haïsse
que	nous	haïssions
que	vous	haïssiez
qu'	ils	haïssent

Passé

que	j'	aie	haï
que	tu	aies	haï
qu'	il	ait	haï
que	nous	ayons	haï
que	vous	ayez	haï
qu'	ils	aient	haï

Imparfait

que	je	haïsse
que	tu	haïsses
qu'	il	haït
que	nous	haïssions
que	vous	haïssiez
qu'	ils	haïssent

Plus-que-parfait

que	j'	eusse	haï
que	tu	eusses	haï
qu'	il	eût	haï
que	nous	eussions	haï
que	vous	eussiez	haï
qu'	ils	eussent	haï

Conditionnel

Présent

je	haïrais
tu	haïrais
il	haïrait
nous	haïrions
vous	haïriez
ils	haïraient

Passé

j'	aurais	haï
tu	aurais	haï
il	aurait	haï
nous	aurions	haï
vous	auriez	haï
ils	auraient	haï

Impératif

hais
haïssons
haïssez

Participe

Présent	Passé
haïssant	haï(e)

haïr *hassen*

Beispiele und Wendungen

Il haïssait ses ennemis.
Er hasste seine Feinde.

Je hais le mensonge.
Ich hasse Lügen.

haïr qn à mort	*jdn. zutiefst hassen*
haïr qn comme la peste	*jdn. wie die Pest hassen*
haïr les compliments	*Komplimente hassen*
se haïr	*sich hassen, einander hassen*

Besonderheiten

Haïr verliert das Trema (¨) nur in den Singularformen des Indicatif présent und des Imperativs. Abgesehen vom Trema wird es regelmäßig wie finir (Nr. 17) konjugiert:

Je hais les mensonges.
Ich hasse Lügen.

Ils se haïssaient sans raison.
Sie hassten sich ohne Grund.

Wegen des Tremas entfällt der übliche Accent circonflexe im Passé simple und im Subjonctif imparfait:
nous fin**î**mes ↔ nous ha**ï**mes, vous fin**î**tes ↔ vous ha**ï**tes, qu'il fin**î**t ↔ qu'il ha**ï**t.

Tipp

In der gesprochenen Sprache wird öfter das Verb détester verwendet, haïr wird hauptsächlich in der literarischen Sprache benutzt.

Das Substantiv la haine *der Hass* und das Adjektiv haineux, haineuse *hasserfüllt* werden ohne Trema geschrieben.

Eigene Notizen:

joindre *verbinden*

Indicatif

Présent

je	joins
tu	joins
il	joint
nous	joignons
vous	joignez
ils	joignent

Passé composé

j'	ai	joint
tu	as	joint
il	a	joint
nous	avons	joint
vous	avez	joint
ils	ont	joint

Imparfait

je	joignais
tu	joignais
il	joignait
nous	joignions
vous	joigniez
ils	joignaient

Plus-que-parfait

j'	avais	joint
tu	avais	joint
il	avait	joint
nous	avions	joint
vous	aviez	joint
ils	avaient	joint

Passé simple

je	joignis
tu	joignis
il	joignit
nous	joignîmes
vous	joignîtes
ils	joignirent

Passé antérieur

j'	eus	joint
tu	eus	joint
il	eut	joint
nous	eûmes	joint
vous	eûtes	joint
ils	eurent	joint

Futur simple

je	joindrai
tu	joindras
il	joindra
nous	joindrons
vous	joindrez
ils	joindront

Futur antérieur

j'	aurai	joint
tu	auras	joint
il	aura	joint
nous	aurons	joint
vous	aurez	joint
ils	auront	joint

Subjonctif

Présent

que	je	joigne
que	tu	joignes
qu'	il	joigne
que	nous	joignions
que	vous	joigniez
qu'	ils	joignent

Passé

que	j'	aie	joint
que	tu	aies	joint
qu'	il	ait	joint
que	nous	ayons	joint
que	vous	ayez	joint
qu'	ils	aient	joint

Imparfait

que	je	joignisse
que	tu	joignisses
qu'	il	joignît
que	nous	joignissions
que	vous	joignissiez
qu'	ils	joignissent

Plus-que-parfait

que	j'	eusse	joint
que	tu	eusses	joint
qu'	il	eût	joint
que	nous	eussions	joint
que	vous	eussiez	joint
qu'	ils	eussent	joint

Conditionnel

Présent

je	joindrais
tu	joindrais
il	joindrait
nous	joindrions
vous	joindriez
ils	joindraient

Passé

j'	aurais	joint
tu	aurais	joint
il	aurait	joint
nous	aurions	joint
vous	auriez	joint
ils	auraient	joint

Impératif

joins
joignons
joignez

Participe

Présent	Passé
joignant	joint(e)

joindre *verbinden*

Beispiele und Wendungen

Ils joignent leurs mains pour prier.
Sie falten ihre Hände zum Gebet.

Ces pièces de bois sont mal jointes.
Diese Holzteile sind schlecht verbunden.

joindre qn au téléphone	*jdn. telefonisch erreichen*
joindre l'utile à l'agréable	*das Angenehme mit dem Nützlichen verbinden*
avoir peine à joindre les deux bouts	*mit dem Geld nicht auskommen*
se joindre à qc	*bei etw. mitmachen*
se joindre à qn	*sich jdm. anschließen*

Weitere Verben

adjoindre – conjoindre – disjoindre – enjoindre – oindre – poindre – rejoindre

Je vous enjoins de faire cela !	*Ich befehle Ihnen, es zu tun!*
le jour point	*es wird Tag*
rejoindre qn	*jdn. treffen*

Besonderheiten

Achten Sie auf die Stammänderung von joind- zu joign- bzw. oind- zu oign- bei vielen Zeiten:

Elle le joignit au téléphone vers midi.
Sie erreichte ihn telefonisch gegen Mittag.

Tipp

Das Verb joindre findet man auch in dem Ausdruck ci-joint: la facture ci-jointe *die beigefügte Rechnung*, les papiers ci-joints *die beigefügten Papiere*.

Eigene Notizen:

lire *lesen*

Indicatif

Présent

je	lis
tu	lis
il	lit
nous	lisons
vous	lisez
ils	lisent

Passé composé

j'	ai	lu
tu	as	lu
il	a	lu
nous	avons	lu
vous	avez	lu
ils	ont	lu

Imparfait

je	lisais
tu	lisais
il	lisait
nous	lisions
vous	lisiez
ils	lisaient

Plus-que-parfait

j'	avais	lu
tu	avais	lu
il	avait	lu
nous	avions	lu
vous	aviez	lu
ils	avaient	lu

Passé simple

je	lus
tu	lus
il	lut
nous	lûmes
vous	lûtes
ils	lurent

Passé antérieur

j'	eus	lu
tu	eus	lu
il	eut	lu
nous	eûmes	lu
vous	eûtes	lu
ils	eurent	lu

Futur simple

je	lirai
tu	liras
il	lira
nous	lirons
vous	lirez
ils	liront

Futur antérieur

j'	aurai	lu
tu	auras	lu
il	aura	lu
nous	aurons	lu
vous	aurez	lu
ils	auront	lu

Subjonctif

Présent

que	je	lise
que	tu	lises
qu'	il	lise
que	nous	lisions
que	vous	lisiez
qu'	ils	lisent

Passé

que	j'	aie	lu
que	tu	aies	lu
qu'	il	ait	lu
que	nous	ayons	lu
que	vous	ayez	lu
qu'	ils	aient	lu

Imparfait

que	je	lusse
que	tu	lusses
qu'	il	lût
que	nous	lussions
que	vous	lussiez
qu'	ils	lussent

Plus-que-parfait

que	j'	eusse	lu
que	tu	eusses	lu
qu'	il	eût	lu
que	nous	eussions	lu
que	vous	eussiez	lu
qu'	ils	eussent	lu

Conditionnel

Présent

je	lirais
tu	lirais
il	lirait
nous	lirions
vous	liriez
ils	liraient

Passé

j'	aurais	lu
tu	aurais	lu
il	aurait	lu
nous	aurions	lu
vous	auriez	lu
ils	auraient	lu

Impératif

lis
lisons
lisez

Participe

Présent	Passé
lisant	lu(e)

lire *lesen*

Beispiele und Wendungen

Il ne sait ni lire ni écrire.
Er kann weder lesen noch schreiben.

Vous lisez le journal tout les matins ?
Lesen Sie jeden Morgen die Zeitung?

lire une histoire à qn	*jdm. eine Geschichte vorlesen*
lire la messe (à l'église)	*die Predigt halten (in der Kirche)*
lire dans les pensées de qn	*jds. Gedanken lesen*

Weitere Verben

élire – réélire – relire

élire un député	*einen Abgeordneten wählen*
être réélu à la majorité absolue	*mit absoluter Mehrheit wiedergewählt werden*
relire un roman	*einen Roman noch einmal lesen*

Besonderheiten

Achten Sie besonders auf die Stammänderungen von li- zu lis- und lu-:

Ils lisent beaucoup.
Sie lesen viel.

Est-ce que vous avez lu les romans de Balzac ?
Haben Sie Balzacs Romane gelesen?

Tipp

Die Substantive, die sich vom Verb lire ableiten lassen, haben noch einen anderen Stamm: le lecteur *der Leser*, la lectrice *die Leserin*, la lecture *der Lesestoff/das Lesen.*

Eigene Notizen:

mettre *setzen, stellen, legen*

Indicatif

Présent

je	mets
tu	mets
il	met
nous	mettons
vous	mettez
ils	mettent

Imparfait

je	mettais
tu	mettais
il	mettait
nous	mettions
vous	mettiez
ils	mettaient

Passé simple

je	mis
tu	mis
il	mit
nous	mîmes
vous	mîtes
ils	mirent

Futur simple

je	mettrai
tu	mettras
il	mettra
nous	mettrons
vous	mettrez
ils	mettront

Passé composé

j'	ai	mis
tu	as	mis
il	a	mis
nous	avons	mis
vous	avez	mis
ils	ont	mis

Plus-que-parfait

j'	avais	mis
tu	avais	mis
il	avait	mis
nous	avions	mis
vous	aviez	mis
ils	avaient	mis

Passé antérieur

j'	eus	mis
tu	eus	mis
il	eut	mis
nous	eûmes	mis
vous	eûtes	mis
ils	eurent	mis

Futur antérieur

j'	aurai	mis
tu	auras	mis
il	aura	mis
nous	aurons	mis
vous	aurez	mis
ils	auront	mis

Subjonctif

Présent

que	je	mette
que	tu	mettes
qu'	il	mette
que	nous	mettions
que	vous	mettiez
qu'	ils	mettent

Passé

que	j'	aie	mis
que	tu	aies	mis
qu'	il	ait	mis
que	nous	ayons	mis
que	vous	ayez	mis
qu'	ils	aient	mis

Imparfait

que	je	misse
que	tu	misses
qu'	il	mît
que	nous	missions
que	vous	missiez
qu'	ils	missent

Plus-que-parfait

que	j'	eusse	mis
que	tu	eusses	mis
qu'	il	eût	mis
que	nous	eussions	mis
que	vous	eussiez	mis
qu'	ils	eussent	mis

Conditionnel

Présent

je	mettrais
tu	mettrais
il	mettrait
nous	mettrions
vous	mettriez
ils	mettraient

Passé

j'	aurais	mis
tu	aurais	mis
il	aurait	mis
nous	aurions	mis
vous	auriez	mis
ils	auraient	mis

Impératif

mets
mettons
mettez

Participe

Présent	Passé
mettant	mis(e)

mettre *setzen, stellen, legen*

Beispiele und Wendungen

Mets la table, s'il te plaît.
Deck bitte den Tisch.

Je vais mettre ma robe noire et mes chaussures chic.
Ich werde mein schwarzes Kleid und meine schicken Schuhe anziehen.

mettre de l'ordre dans qc	*Ordnung in etw. bringen*
mettre qc en valeur	*etw. zur Geltung bringen*
mettre qn à la porte	*jdn. vor die Tür setzen*
se mettre à faire qc	*anfangen, etw. zu tun*

Weitere Verben

admettre – commettre – compromettre – démettre – émettre – s'entremettre – omettre – permettre – promettre – remettre – soumettre – transmettre

admettre une faute	*einen Fehler eingestehen*
permettre à qn de faire qc	*jdm. erlauben, etw. zu tun*
transmettre un message à qn	*jdm. eine Nachricht übermitteln*

Besonderheiten

Der Doppelkonsonant -tt- wird nur vor einem Vokal und vor -r- beibehalten. Im Singular des Indicatif présent und im Passé simple entfällt daher ein -t-:

Elle met ses enfants à l'école privée.
Sie schickt ihre Kinder auf eine Privatschule.

Tipp

Mettre kann man mit *setzen, stellen, legen* übersetzen, es wird aber auch häufig in anderen Wendungen gebraucht. Lernen Sie daher seine Formen am besten auswendig und wiederholen Sie sie immer wieder!

Eigene Notizen:

moudre *mahlen*

Indicatif

Présent

je	mouds
tu	mouds
il	moud
nous	moulons
vous	moulez
ils	moulent

Imparfait

je	moulais
tu	moulais
il	moulait
nous	moulions
vous	mouliez
ils	moulaient

Passé simple

je	moulus
tu	moulus
il	moulut
nous	moulûmes
vous	moulûtes
ils	moulurent

Futur simple

je	moudrai
tu	moudras
il	moudra
nous	moudrons
vous	moudrez
ils	moudront

Passé composé

j'	ai	moulu
tu	as	moulu
il	a	moulu
nous	avons	moulu
vous	avez	moulu
ils	ont	moulu

Plus-que-parfait

j'	avais	moulu
tu	avais	moulu
il	avait	moulu
nous	avions	moulu
vous	aviez	moulu
ils	avaient	moulu

Passé antérieur

j'	eus	moulu
tu	eus	moulu
il	eut	moulu
nous	eûmes	moulu
vous	eûtes	moulu
ils	eurent	moulu

Futur antérieur

j'	aurai	moulu
tu	auras	moulu
il	aura	moulu
nous	aurons	moulu
vous	aurez	moulu
ils	auront	moulu

Subjonctif

Présent

que	je	moule
que	tu	moules
qu'	il	moule
que	nous	moulions
que	vous	mouliez
qu'	ils	moulent

Passé

que	j'	aie	moulu
que	tu	aies	moulu
qu'	il	ait	moulu
que	nous	ayons	moulu
que	vous	ayez	moulu
qu'	ils	aient	moulu

Imparfait

que	je	moulusse
que	tu	moulusses
qu'	il	moulût
que	nous	moulussions
que	vous	moulussiez
qu'	ils	moulussent

Plus-que-parfait

que	j'	eusse	moulu
que	tu	eusses	moulu
qu'	il	eût	moulu
que	nous	eussions	moulu
que	vous	eussiez	moulu
qu'	ils	eussent	moulu

Conditionnel

Présent

je	moudrais
tu	moudrais
il	moudrait
nous	moudrions
vous	moudriez
ils	moudraient

Passé

j'	aurais	moulu
tu	aurais	moulu
il	aurait	moulu
nous	aurions	moulu
vous	auriez	moulu
ils	auraient	moulu

Impératif

mouds
moulons
moulez

Participe

Présent	Passé
moulant	moulu(e)

moudre *mahlen*

Beispiele und Wendungen

Je mous le café.
Ich mahle den Kaffee.

Il faut faire moudre le blé.
Der Weizen muss gemahlen werden

moudre du blé / du café / du poivre	*Weizen / Kaffee / Pfeffer mahlen*
avoir le corps tout moulu	*überall Schmerzen haben (vor Müdigkeit)*
être moulu de fatigue	*gerädert sein*

Weitere Verben

émoudre – remoudre

émoudre des ciseaux	*Scheren schleifen*

Besonderheiten

Achten Sie auf die Stammänderung von moud- zu moul-:

Nous achetons toujours du café moulu.
Wir kaufen immer gemahlenen Kaffee.

Diesen Stamm finden Sie beim Substantiv le moulin *die Mühle* wieder!

Tipp

Es gibt Wörter, die wie Familienmitglieder den gleichen Stamm haben. Nutzen Sie solche Familienbande, um auf effiziente Art und Weise Ihren Wortschatz zu erweitern. Fragen Sie sich also nicht bloß, was moudre heißt, sondern suchen Sie auch gleich ein passendes Substantiv dazu, z. B. le moulin *die Mühle* oder le meunier *der Müller*.

Eigene Notizen:

mourir *sterben*

Indicatif

Présent

je	meurs
tu	meurs
il	meurt
nous	mourons
vous	mourez
ils	meurent

Passé composé

je	suis	mort
tu	es	mort
il	est	mort
nous	sommes	morts
vous	êtes	morts
ils	sont	morts

Imparfait

je	mourais
tu	mourais
il	mourait
nous	mourions
vous	mouriez
ils	mouraient

Plus-que-parfait

j'	étais	mort
tu	étais	mort
il	était	mort
nous	étions	morts
vous	étiez	morts
ils	étaient	morts

Passé simple

je	mourus
tu	mourus
il	mourut
nous	mourûmes
vous	mourûtes
ils	moururent

Passé antérieur

je	fus	mort
tu	fus	mort
il	fut	mort
nous	fûmes	morts
vous	fûtes	morts
ils	furent	morts

Futur simple

je	mourrai
tu	mourras
il	mourra
nous	mourrons
vous	mourrez
ils	mourront

Futur antérieur

je	serai	mort
tu	seras	mort
il	sera	mort
nous	serons	morts
vous	serez	morts
ils	seront	morts

Subjonctif

Présent

que	je	meure
que	tu	meures
qu'	il	meure
que	nous	mourions
que	vous	mouriez
qu'	ils	meurent

Passé

que	je	sois	mort
que	tu	sois	mort
qu'	il	soit	mort
que	nous	soyons	morts
que	vous	soyez	morts
qu'	ils	soient	morts

Imparfait

que	je	mourusse
que	tu	mourusses
qu'	il	mourût
que	nous	mourussions
que	vous	mourussiez
qu'	ils	mourussent

Plus-que-parfait

que	je	fusse	mort
que	tu	fusses	mort
qu'	il	fût	mort
que	nous	fussions	morts
que	vous	fussiez	morts
qu'	ils	fussent	morts

Conditionnel

Présent

je	mourrais
tu	mourrais
il	mourrait
nous	mourrions
vous	mourriez
ils	mourraient

Passé

je	serais	mort
tu	serais	mort
il	serait	mort
nous	serions	morts
vous	seriez	morts
ils	seraient	morts

Impératif

meurs
mourons
mourez

Participe

Présent	Passé
mourant	mort(e)

mourir *sterben*

Beispiele und Wendungen

Je meurs de faim !
Ich sterbe vor Hunger!

Il est mort l'année dernière.
Er ist letztes Jahr gestorben.

Elle est morte dans un accident de voiture.
Sie ist bei einem Autounfall ums Leben gekommen.

mourir de faim / de soif / de froid	*vor Hunger / Durst / Kälte sterben*
mourir d'envie de faire qc	*sehr große Lust haben, etw. zu tun*
s'ennuyer à mourir, mourir d'ennui	*sich zu Tode langweilen*
mourir de peur	*sich zu Tode ängstigen*
mourir à petit feu	*langsam sterben*
je me meurs… (literarisch)	*ich sterbe …*
les feuilles mortes	*die Herbstblätter*
une nature morte	*ein Stillleben*

Besonderheiten

Der Stamm von mourir ändert sich im Indicatif présent und Subjonctif présent bei den Singularformen und in der 3. Person Plural von mour- zu meur-:
je **meur**s, ils **meur**ent, qu'il **meur**e, …

Und Vorsicht! Im Futur simple und im Conditionnel présent verdoppelt sich das -r-:
je mou**rr**ai, je mou**rr**ais, …

Tipp

Schlagen Sie oft Wörter im Wörterbuch nach. So prägen Sie sich nicht nur die Übersetzung ein, sondern finden auch Wendungen und Hinweise zum Wort, die Ihnen beim Lernen helfen.

Eigene Notizen:

mouvoir *bewegen*

Indicatif

Présent

je	meus
tu	meus
il	meut
nous	mouvons
vous	mouvez
ils	meuvent

Imparfait

je	mouvais
tu	mouvais
il	mouvait
nous	mouvions
vous	mouviez
ils	mouvaient

Passé simple

je	mus
tu	mus
il	mut
nous	mûmes
vous	mûtes
ils	murent

Futur simple

je	mouvrai
tu	mouvras
il	mouvra
nous	mouvrons
vous	mouvrez
ils	mouvront

Passé composé

j'	ai	mû
tu	as	mû
il	a	mû
nous	avons	mû
vous	avez	mû
ils	ont	mû

Plus-que-parfait

j'	avais	mû
tu	avais	mû
il	avait	mû
nous	avions	mû
vous	aviez	mû
ils	avaient	mû

Passé antérieur

j'	eus	mû
tu	eus	mû
il	eut	mû
nous	eûmes	mû
vous	eûtes	mû
ils	eurent	mû

Futur antérieur

j'	aurai	mû
tu	auras	mû
il	aura	mû
nous	aurons	mû
vous	aurez	mû
ils	auront	mû

Subjonctif

Présent

que	je	meuve
que	tu	meuves
qu'	il	meuve
que	nous	mouvions
que	vous	mouviez
qu'	ils	meuvent

Passé

que	j'	aie	mû
que	tu	aies	mû
qu'	il	ait	mû
que	nous	ayons	mû
que	vous	ayez	mû
qu'	ils	aient	mû

Imparfait

que	je	musse
que	tu	musses
qu'	il	mût
que	nous	mussions
que	vous	mussiez
qu'	ils	mussent

Plus-que-parfait

que	j'	eusse	mû
que	tu	eusses	mû
qu'	il	eût	mû
que	nous	eussions	mû
que	vous	eussiez	mû
qu'	ils	eussent	mû

Conditionnel

Présent

je	mouvrais
tu	mouvrais
il	mouvrait
nous	mouvrions
vous	mouvriez
ils	mouvraient

Passé

j'	aurais	mû
tu	aurais	mû
il	aurait	mû
nous	aurions	mû
vous	auriez	mû
ils	auraient	mû

Impératif

meus
mouvons
mouvez

Participe

Présent	Passé
mouvant	mû (mue)

mouvoir *bewegen*

Beispiele und Wendungen

Il meut ses bras.
Er bewegt seine Arme.

Les planètes se meuvent autour du soleil.
Die Planeten bewegen sich um die Sonne.

se mouvoir	*sich bewegen*
être mû par le vent	*windgetrieben sein*
être mû par son instinct	*von seinem Instinkt geleitet werden*

Weitere Verben

émouvoir – promouvoir

émouvoir qn	*jdn. bewegen, jdn. betroffen machen*
promouvoir qn (au grade supérieur)	*jdn. befördern*
promouvoir un nouveau produit	*ein neues Produkt bewerben*

Besonderheiten

Im Indicatif présent und Subjonctif présent ändert sich der Stamm in den Singularformen und in der 3. Person Plural von mouv- zu meu- bzw. meuv-:

Ce livre m'émeut vraiment beaucoup.
Dieses Buch bewegt mich wirklich sehr.

Die Verben émouvoir und promouvoir werden wie mouvoir konjugiert, ihr Partizip wird aber ohne Akzent auf dem -u- geschrieben: ém**u**, prom**u**.

Tipp

Das Verb mouvoir wird nicht sehr häufig verwendet. Geläufiger ist auf jeden Fall das Verb bouger *bewegen, sich bewegen*

Eigene Notizen:

naître *geboren werden*

Indicatif

Présent

je	nais
tu	nais
il	naît
nous	naissons
vous	naissez
ils	naissent

Imparfait

je	naissais
tu	naissais
il	naissait
nous	naissions
vous	naissiez
ils	naissaient

Passé simple

je	naquis
tu	naquis
il	naquit
nous	naquîmes
vous	naquîtes
ils	naquirent

Futur simple

je	naîtrai
tu	naîtras
il	naîtra
nous	naîtrons
vous	naîtrez
ils	naîtront

Passé composé

je	suis	né
tu	es	né
il	est	né
nous	sommes	nés
vous	êtes	nés
ils	sont	nés

Plus-que-parfait

j'	étais	né
tu	étais	né
il	était	né
nous	étions	nés
vous	étiez	nés
ils	étaient	nés

Passé antérieur

je	fus	né
tu	fus	né
il	fut	né
nous	fûmes	nés
vous	fûtes	nés
ils	furent	nés

Futur antérieur

je	serai	né
tu	seras	né
il	sera	né
nous	serons	nés
vous	serez	nés
ils	seront	nés

Subjonctif

Présent

que	je	naisse
que	tu	naisses
qu'	il	naisse
que	nous	naissions
que	vous	naissiez
qu'	ils	naissent

Passé

que	je	sois	né
que	tu	sois	né
qu'	il	soit	né
que	nous	soyons	nés
que	vous	soyez	nés
qu'	ils	soient	nés

Imparfait

que	je	naquisse
que	tu	naquisses
qu'	il	naquît
que	nous	naquissions
que	vous	naquissiez
qu'	ils	naquissent

Plus-que-parfait

que	je	fusse	né
que	tu	fusses	né
qu'	il	fût	né
que	nous	fussions	nés
que	vous	fussiez	nés
qu'	ils	fussent	nés

Conditionnel

Présent

je	naîtrais
tu	naîtrais
il	naîtrait
nous	naîtrions
vous	naîtriez
ils	naîtraient

Passé

je	serais	né
tu	serais	né
il	serait	né
nous	serions	nés
vous	seriez	nés
ils	seraient	nés

Impératif

nais
naissons
naissez

Participe

Présent	Passé
naissant	né(e)

naître *geboren werden*

Beispiele und Wendungen

Il est né en 1973.
Er ist 1973 geboren.

Ce style de musique est né dans les années 80.
Diese Musikrichtung ist in den 80er Jahren entstanden.

un enfant naît	*ein Kind wird geboren*
être né en...	*im Jahr ... geboren sein*

Weitere Verben

renaître

renaître de ses cendres	*wie ein Phönix aus der Asche steigen*
renaître de sa souffrance	*von seinem Leiden befreit werden*
faire renaître qc	*etw. wieder zum Leben erwecken*

Besonderheiten

Die deutsche Passivform *jemand wird geboren* wird im Französischen als Aktivform wiedergegeben: quelqu'un **naît**.

Das Verb naître wird in den zusammengesetzten Zeiten mit être konjugiert:

Elle était née pendant la guerre.
Sie war während des Krieges zur Welt gekommen.

Naître hat nur dann einen Accent circonflexe, wenn dem -i- ein -t folgt: ils na**i**ssent ↔ il na**î**t.

Tipp

Von den Verben naître und renaître sind auch folgende Substantive abgeleitet:
la naissance *die Geburt*, la Renaissance *die Renaissance*.

Eigene Notizen:

partir *weggehen, wegfahren*

Indicatif

Présent

je	pars
tu	pars
il	part
nous	partons
vous	partez
ils	partent

Imparfait

je	partais
tu	partais
il	partait
nous	partions
vous	partiez
ils	partaient

Passé simple

je	partis
tu	partis
il	partit
nous	partîmes
vous	partîtes
ils	partirent

Futur simple

je	partirai
tu	partiras
il	partira
nous	partirons
vous	partirez
ils	partiront

Passé composé

je	suis	parti
tu	es	parti
il	est	parti
nous	sommes	partis
vous	êtes	partis
ils	sont	partis

Plus-que-parfait

j'	étais	parti
tu	étais	parti
il	était	parti
nous	étions	partis
vous	étiez	partis
ils	étaient	partis

Passé antérieur

je	fus	parti
tu	fus	parti
il	fut	parti
nous	fûmes	partis
vous	fûtes	partis
ils	furent	partis

Futur antérieur

je	serai	parti
tu	seras	parti
il	sera	parti
nous	serons	partis
vous	serez	partis
ils	seront	partis

Subjonctif

Présent

que	je	parte
que	tu	partes
qu'	il	parte
que	nous	partions
que	vous	partiez
qu'	ils	partent

Passé

que	je	sois	parti
que	tu	sois	parti
qu'	il	soit	parti
que	nous	soyons	partis
que	vous	soyez	partis
qu'	ils	soient	partis

Imparfait

que	je	partisse
que	tu	partisses
qu'	il	partît
que	nous	partissions
que	vous	partissiez
qu'	ils	partissent

Plus-que-parfait

que	je	fusse	parti
que	tu	fusses	parti
qu'	il	fût	parti
que	nous	fussions	partis
que	vous	fussiez	partis
qu'	ils	fussent	partis

Conditionnel

Présent

je	partirais
tu	partirais
il	partirait
nous	partirions
vous	partiriez
ils	partiraient

Passé

je	serais	parti
tu	serais	parti
il	serait	parti
nous	serions	partis
vous	seriez	partis
ils	seraient	partis

Impératif

pars
partons
partez

Participe

Présent	Passé
partant	parti(e)

partir *weggehen, wegfahren*

Beispiele und Wendungen

Il part en France demain matin.
Er fährt morgen früh nach Frankreich.

Le train partit avec deux heures de retard.
Der Zug fuhr mit zwei Stunden Verspätung ab.

partir en vacances	*in Urlaub gehen / fahren*
partir en voyage	*auf Reisen gehen*
partir pour / à Paris	*nach Paris fahren*

Weitere Verben

consentir – démentir – départir – mentir – pressentir – repartir – se repentir – ressentir – ressortir – sentir – sortir

consentir à un mariage	*einer Heirat zustimmen*
démentir une nouvelle	*eine Nachricht dementieren*
pressentir un malheur	*ein Unglück vorausahnen*
se repentir d'une faute	*einen Fehler bereuen*
sentir un parfum	*einen Duft riechen*

Besonderheiten

Im Singular des Indicatif présent und des Imperativs verlieren die Verben dieser Gruppe den Endkonsonanten des Stamms, d. h. das -t:

Je pars faire les courses.
Ich gehe einkaufen.

Tipp

Partir ist ein typischer Vertreter der Verben auf -ir ohne Stammerweiterung! Markieren Sie sich die Endungen dieser Konjugation farbig und prägen Sie sich die Formen gut ein.

Eigene Notizen:

peindre *malen*

Indicatif

Présent

je	peins
tu	peins
il	peint
nous	peignons
vous	peignez
ils	peignent

Passé composé

j'	ai	peint
tu	as	peint
il	a	peint
nous	avons	peint
vous	avez	peint
ils	ont	peint

Imparfait

je	peignais
tu	peignais
il	peignait
nous	peignions
vous	peigniez
ils	peignaient

Plus-que-parfait

j'	avais	peint
tu	avais	peint
il	avait	peint
nous	avions	peint
vous	aviez	peint
ils	avaient	peint

Passé simple

je	peignis
tu	peignis
il	peignit
nous	peignîmes
vous	peignîtes
ils	peignirent

Passé antérieur

j'	eus	peint
tu	eus	peint
il	eut	peint
nous	eûmes	peint
vous	eûtes	peint
ils	eurent	peint

Futur simple

je	peindrai
tu	peindras
il	peindra
nous	peindrons
vous	peindrez
ils	peindront

Futur antérieur

j'	aurai	peint
tu	auras	peint
il	aura	peint
nous	aurons	peint
vous	aurez	peint
ils	auront	peint

Subjonctif

Présent

que	je	peigne
que	tu	peignes
qu'	il	peigne
que	nous	peignions
que	vous	peigniez
qu'	ils	peignent

Passé

que	j'	aie	peint
que	tu	aies	peint
qu'	il	ait	peint
que	nous	ayons	peint
que	vous	ayez	peint
qu'	ils	aient	peint

Imparfait

que	je	peignisse
que	tu	peignisses
qu'	il	peignît
que	nous	peignissions
que	vous	peignissiez
qu'	ils	peignissent

Plus-que-parfait

que	j'	eusse	peint
que	tu	eusses	peint
qu'	il	eût	peint
que	nous	eussions	peint
que	vous	eussiez	peint
qu'	ils	eussent	peint

Conditionnel

Présent

je	peindrais
tu	peindrais
il	peindrait
nous	peindrions
vous	peindriez
ils	peindraient

Passé

j'	aurais	peint
tu	aurais	peint
il	aurait	peint
nous	aurions	peint
vous	auriez	peint
ils	auraient	peint

Impératif

peins
peignons
peignez

Participe

Présent	Passé
peignant	peint(e)

peindre *malen*

Beispiele und Wendungen

Il peint le mur de la maison.
Er streicht die Hausmauer.

Avez-vous peint ce tableau ?
Haben Sie dieses Bild gemalt?

peindre un bâtiment	*ein Gebäude streichen*
peindre un paysage	*eine Landschaft malen*

Weitere Verben

astreindre – atteindre – ceindre – déteindre – empreindre – enfreindre – éteindre – étreindre – feindre – geindre – repeindre – restreindre – teindre

atteindre un but	*ein Ziel erreichen*
dépeindre une situation	*eine Situation beschreiben*
enfreindre la loi	*gegen das Gesetz verstoßen*
éteindre la lumière	*das Licht ausschalten*
feindre de dormir	*so tun, als ob man schläft*
teindre qc en bleu	*etw. blau färben*

Besonderheiten

Da sich der Stamm von peindre bei vielen Zeiten von peind- zu peign- ändert, lässt sich manchmal nur aus dem Zusammenhang erschließen, ob es sich um das Verb peindre *malen* oder das regelmäßige Verb peigner *kämmen* handelt:

Il peignait les volets en bleu.
Er strich die Fensterläden blau.

Il peignait son fils tous les matins.
Er kämmte seinen Sohn jeden Morgen.

Eigene Notizen:

plaire *gefallen*

Indicatif

Présent

je	plais
tu	plais
il	plaît
nous	plaisons
vous	plaisez
ils	plaisent

Passé composé

j'	ai	plu
tu	as	plu
il	a	plu
nous	avons	plu
vous	avez	plu
ils	ont	plu

Imparfait

je	plaisais
tu	plaisais
il	plaisait
nous	plaisions
vous	plaisiez
ils	plaisaient

Plus-que-parfait

j'	avais	plu
tu	avais	plu
il	avait	plu
nous	avions	plu
vous	aviez	plu
ils	avaient	plu

Passé simple

je	plus
tu	plus
il	plut
nous	plûmes
vous	plûtes
ils	plurent

Passé antérieur

j'	eus	plu
tu	eus	plu
il	eut	plu
nous	eûmes	plu
vous	eûtes	plu
ils	eurent	plu

Futur simple

je	plairai
tu	plairas
il	plaira
nous	plairons
vous	plairez
ils	plairont

Futur antérieur

j'	aurai	plu
tu	auras	plu
il	aura	plu
nous	aurons	plu
vous	aurez	plu
ils	auront	plu

Subjonctif

Présent

que	je	plaise
que	tu	plaises
qu'	il	plaise
que	nous	plaisions
que	vous	plaisiez
qu'	ils	plaisent

Passé

que	j'	aie	plu
que	tu	aies	plu
qu'	il	ait	plu
que	nous	ayons	plu
que	vous	ayez	plu
qu'	ils	aient	plu

Imparfait

que	je	plusse
que	tu	plusses
qu'	il	plût
que	nous	plussions
que	vous	plussiez
qu'	ils	plussent

Plus-que-parfait

que	j'	eusse	plu
que	tu	eusses	plu
qu'	il	eût	plu
que	nous	eussions	plu
que	vous	eussiez	plu
qu'	ils	eussent	plu

Conditionnel

Présent

je	plairais
tu	plairais
il	plairait
nous	plairions
vous	plairiez
ils	plairaient

Passé

j'	aurais	plu
tu	aurais	plu
il	aurait	plu
nous	aurions	plu
vous	auriez	plu
ils	auraient	plu

Impératif

plais
plaisons
plaisez

Participe

Présent	Passé
plaisant	plu *(unveränderlich)*

plaire *gefallen*

Beispiele und Wendungen

Ce film me plaît beaucoup.
Dieser Film gefällt mir sehr.

Je ferai ce qu'il vous plaira.
Ich werde so handeln, wie Sie wünschen.

plaîre à qn	*jdm. gefallen*
comme il vous plaira	*wie Sie wollen*
s'il vous plaît, s'il te plaît	*bitte*
Plaît-il ?	*Bitte?*
se plaire à faire qc	*Vergnügen daran finden, etw. zu tun*
se plaire quelque part	*sich an einem Ort wohl fühlen*

Weitere Verben

(se) complaire – déplaire – (se) taire

se complaire à faire qc	*etw. gerne machen*
déplaire à qn	*jdm. missfallen*
taire qc à qn	*jdm. etw. verschweigen*

Besonderheiten

Im Plural des Indicatif présent, im Imparfait und im Subjonctif présent ändert sich hier der Stamm von plai- zu plais-: je **plais**, nous **plais**ons.

Vor -t erhält plaire wie connaître (Nr. 28) einen Accent circonflexe: il pla**î**t.

Achten Sie auf die Abweichungen beim Verb taire: im Présent heißt es il ta**i**t (ohne Accent circonflexe!), das Participe passé ist veränderlich: tu, tu**e**.

Eigene Notizen:

pleuvoir *regnen*

Indicatif

Présent	Passé composé
—	—
—	—
il pleut	il a plu
—	—
—	—
ils pleuvent	ils ont plu

Imparfait	Plus-que-parfait
—	—
—	—
il pleuvait	il avait plu
—	—
—	—
ils pleuvaient	ils avaient plu

Passé simple	Passé antérieur
—	—
—	—
il plut	il eut plu
—	—
—	—
ils plurent	ils eurent plu

Futur simple	Futur antérieur
—	—
—	—
il pleuvra	il aura plu
—	—
—	—
ils pleuvront	ils auront plu

Subjonctif

Présent
—
—
qu' il pleuve
—
—
qu' ils pleuvent

Passé
—
—
qu' il ait plu
—
—
qu' ils aient plu

Imparfait
—
—
qu' il plût
—
—
qu' ils plussent

Plus-que-parfait
—
—
qu' il eût plu
—
—
qu' ils eurent plu

Conditionnel

Présent	Passé
—	—
—	—
il pleuvrait	il aurait plu
—	—
—	—
ils pleuvraient	ils auraient plu

Impératif

—

Participe

Présent	Passé
pleuvant	plu *(unveränderlich)*

pleuvoir *regnen*

Beispiele und Wendungen

En novembre, il pleut toujours beaucoup.
Im November regnet es immer viel.

Hier, il a plu toute la journée.
Gestern hat es den ganzen Tag geregnet.

il pleut des cordes	*es regnet Bindfäden*
les reproches pleuvent	*es hagelt Vorwürfe*

Besonderheiten

Das Verb pleuvoir ist ein unpersönliches Verb und wird immer nur in der 3. Person Singular verwendet:

Quand nous sommes sortis du cinéma, il pleuvait.
Als wir aus dem Kino kamen, regnete es.

Im übertragenen Sinn kann es aber auch in der 3. Person Plural benutzt werden, meistens im Imparfait:

Les balles ennemies pleuvaient autour de nous.
Die feindlichen Kugeln prasselten rings um uns nieder.

Les critiques pleuvaient.
Es hagelte Kritiken.

Tipp

Auch das Substantiv la pluie wird oft im übertragenen Sinn verwendet:

une pluie d'applaudissements	*ein Beifallssturm*
une pluie de pierres	*ein Hagel von Steinen*

Merken Sie sich auch das Adjektiv, das vom Verb pleuvoir abgeleitet wird: pluvieux, pluvieuse:

un temps pluvieux	*regnerisches Wetter*

Eigene Notizen:

pourvoir *für etwas sorgen*

Indicatif

Présent

je	pourvois
tu	pourvois
il	pourvoit
nous	pourvoyons
vous	pourvoyez
ils	pourvoient

Imparfait

je	pourvoyais
tu	pourvoyais
il	pourvoyait
nous	pourvoyions
vous	pourvoyiez
ils	pourvoyaient

Passé simple

je	pourvus
tu	pourvus
il	pourvut
nous	pourvûmes
vous	pourvûtes
ils	pourvurent

Futur simple

je	pourvoirai
tu	pourvoiras
il	pourvoira
nous	pourvoirons
vous	pourvoirez
ils	pourvoiront

Passé composé

j'	ai	pourvu
tu	as	pourvu
il	a	pourvu
nous	avons	pourvu
vous	avez	pourvu
ils	ont	pourvu

Plus-que-parfait

j'	avais	pourvu
tu	avais	pourvu
il	avait	pourvu
nous	avions	pourvu
vous	aviez	pourvu
ils	avaient	pourvu

Passé antérieur

j'	eus	pourvu
tu	eus	pourvu
il	eut	pourvu
nous	eûmes	pourvu
vous	eûtes	pourvu
ils	eurent	pourvu

Futur antérieur

j'	aurai	pourvu
tu	auras	pourvu
il	aura	pourvu
nous	aurons	pourvu
vous	aurez	pourvu
ils	auront	pourvu

Subjonctif

Présent

que	je	pourvoie
que	tu	pourvoies
qu'	il	pourvoie
que	nous	pourvoyions
que	vous	pourvoyiez
qu'	ils	pourvoient

Passé

que	j'	aie	pourvu
que	tu	aies	pourvu
qu'	il	ait	pourvu
que	nous	ayons	pourvu
que	vous	ayez	pourvu
qu'	ils	aient	pourvu

Imparfait

que	je	pourvusse
que	tu	pourvusses
qu'	il	pourvût
que	nous	pourvussions
que	vous	pourvussiez
qu'	ils	pourvussent

Plus-que-parfait

que	j'	eusse	pourvu
que	tu	eusses	pourvu
qu'	il	eût	pourvu
que	nous	eussions	pourvu
que	vous	eussiez	pourvu
qu'	ils	eussent	pourvu

Conditionnel

Présent

je	pourvoirais
tu	pourvoirais
il	pourvoirait
nous	pourvoirions
vous	pourvoiriez
ils	pourvoiraient

Passé

j'	aurais	pourvu
tu	aurais	pourvu
il	aurait	pourvu
nous	aurions	pourvu
vous	auriez	pourvu
ils	auraient	pourvu

Impératif

pourvois
pourvoyons
pourvoyez

Participe

Présent	Passé
pourvoyant	pourvu(e)

pourvoir *für etwas sorgen*

Beispiele und Wendungen

Ses parents pourvoient à ses besoins.
Seine Eltern versorgen ihn.

Le poste de professeur est à pourvoir immédiatement.
Die Lehrerstelle ist sofort zu besetzen.

pourvoir à qc	*für etw. sorgen*
pourvoir qn d'outils de travail	*jdn. mit Arbeitsmaterial ausstatten*
un poste à pourvoir	*eine zu besetzende Stelle*
se pourvoir (en justice)	*Berufung einlegen (bei Gericht)*

Weitere Verben

dépourvoir

être dépourvu de connaissances	*keine Kenntnisse haben*
être dépourvu d'argent	*ohne Geld sein*

Besonderheiten

Pourvoir wird bis auf die Formen des Passé simple und Subjonctif imparfait wie prévoir (Nr. 59) konjugiert:

Il ne pourvut plus aux besoins de son fils.
Er versorgte seinen Sohn nicht mehr.

Tipp

Merken Sie sich die Wendung prendre qn au dépourvu *jdn. unvorbereitet antreffen/ ansprechen/...*

Pris au dépourvu ainsi, je ne peux pas vous répondre.
So unvorbereitet angesprochen, kann ich Ihnen nicht antworten.

Eigene Notizen:

pouvoir *können*

Indicatif

Présent

je	peux / puis-je ?
tu	peux
il	peut
nous	pouvons
vous	pouvez
ils	peuvent

Passé composé

j'	ai	pu
tu	as	pu
il	a	pu
nous	avons	pu
vous	avez	pu
ils	ont	pu

Imparfait

je	pouvais
tu	pouvais
il	pouvait
nous	pouvions
vous	pouviez
ils	pouvaient

Plus-que-parfait

j'	avais	pu
tu	avais	pu
il	avait	pu
nous	avions	pu
vous	aviez	pu
ils	avaient	pu

Passé simple

je	pus
tu	pus
il	put
nous	pûmes
vous	pûtes
ils	purent

Passé antérieur

j'	eus	pu
tu	eus	pu
il	eut	pu
nous	eûmes	pu
vous	eûtes	pu
ils	eurent	pu

Futur simple

je	pourrai
tu	pourras
il	pourra
nous	pourrons
vous	pourrez
ils	pourront

Futur antérieur

j'	aurai	pu
tu	auras	pu
il	aura	pu
nous	aurons	pu
vous	aurez	pu
ils	auront	pu

Subjonctif

Présent

que	je	puisse
que	tu	puisses
qu'	il	puisse
que	nous	puissions
que	vous	puissiez
qu'	ils	puissent

Passé

que	j'	aie	pu
que	tu	aies	pu
qu'	il	ait	pu
que	nous	ayons	pu
que	vous	ayez	pu
qu'	ils	aient	pu

Imparfait

que	je	pusse
que	tu	pusses
qu'	il	pût
que	nous	pussions
que	vous	pussiez
qu'	ils	pussent

Plus-que-parfait

que	j'	eusse	pu
que	tu	eusses	pu
qu'	il	eût	pu
que	nous	eussions	pu
que	vous	eussiez	pu
qu'	ils	eussent	pu

Conditionnel

Présent

je	pourrais
tu	pourrais
il	pourrait
nous	pourrions
vous	pourriez
ils	pourraient

Passé

j'	aurais	pu
tu	aurais	pu
il	aurait	pu
nous	aurions	pu
vous	auriez	pu
ils	auraient	pu

Impératif

—
—
—

Participe

Présent	Passé
pouvant	pu *(unveränderlich)*

pouvoir *können*

Beispiele und Wendungen

Je peux me garer ici ?
Darf ich hier parken?

Il a tellement mal qu'il ne peut plus marcher.
Er hat solche Schmerzen, dass er nicht mehr laufen kann.

Puis-je vous être utile ?
Kann ich Ihnen helfen?

Il est on ne peut plus aimable.
Er ist überaus freundlich.

je n'en peux plus	*ich kann nicht mehr*
je n'y peux rien	*ich kann nichts dafür*
cela peut arriver	*das kann passieren*
cela / il se peut (que)	*es kann sein(, dass)*
on ne peut plus...	*überaus ...*

Besonderheiten

Achten Sie auf die Frageform der 1. Person Singular: **puis**-je ? (oder aber auch ganz gewöhnlich: est-ce que je **peux** ?).
Die Form je puis wird lediglich in der sehr gehobenen Sprache verwendet.

Tipp

Pouvoir gehört sicherlich zu den wichtigsten französischen Verben. Um sich die Formen besser einzuprägen, formulieren Sie doch zu jeder Person einen Satz mit pouvoir. Diese Sätze können auch lustig oder unsinnig sein, z. B.: Je peux voir le père Noël. Tu peux sortir en pyjama. Il peut... etc.

Vorsicht! Das deutsche Verb *können* darf man im Französischen nicht immer mit pouvoir wiedergeben, häufig muss es savoir heißen: Il sait nager. *Er kann schwimmen.*

Eigene Notizen:

prendre *nehmen*

Indicatif

Présent

je	prends
tu	prends
il	prend
nous	prenons
vous	prenez
ils	prennent

Imparfait

je	prenais
tu	prenais
il	prenait
nous	prenions
vous	preniez
ils	prenaient

Passé simple

je	pris
tu	pris
il	prit
nous	prîmes
vous	prîtes
ils	prirent

Futur simple

je	prendrai
tu	prendras
il	prendra
nous	prendrons
vous	prendrez
ils	prendront

Passé composé

j'	ai	pris
tu	as	pris
il	a	pris
nous	avons	pris
vous	avez	pris
ils	ont	pris

Plus-que-parfait

j'	avais	pris
tu	avais	pris
il	avait	pris
nous	avions	pris
vous	aviez	pris
ils	avaient	pris

Passé antérieur

j'	eus	pris
tu	eus	pris
il	eut	pris
nous	eûmes	pris
vous	eûtes	pris
ils	eurent	pris

Futur antérieur

j'	aurai	pris
tu	auras	pris
il	aura	pris
nous	aurons	pris
vous	aurez	pris
ils	auront	pris

Subjonctif

Présent

que	je	prenne
que	tu	prennes
qu'	il	prenne
que	nous	prenions
que	vous	preniez
qu'	ils	prennent

Passé

que	j'	aie	pris
que	tu	aies	pris
qu'	il	ait	pris
que	nous	ayons	pris
que	vous	ayez	pris
qu'	ils	aient	pris

Imparfait

que	je	prisse
que	tu	prisses
qu'	il	prît
que	nous	prissions
que	vous	prissiez
qu'	ils	prissent

Plus-que-parfait

que	j'	eusse	pris
que	tu	eusses	pris
qu'	il	eût	pris
que	nous	eussions	pris
que	vous	eussiez	pris
qu'	ils	eussent	pris

Conditionnel

Présent

je	prendrais
tu	prendrais
il	prendrait
nous	prendrions
vous	prendriez
ils	prendraient

Passé

j'	aurais	pris
tu	aurais	pris
il	aurait	pris
nous	aurions	pris
vous	auriez	pris
ils	auraient	pris

Impératif

prends
prenons
prenez

Participe

Présent	Passé
prenant	pris(e)

prendre *nehmen*

Beispiele und Wendungen

Je prends un café au lait, s'il vous plaît.
Ich nehme/möchte einen Milchkaffee, bitte.

Il a pris ses affaires et il est parti.
Er hat seine Sachen genommen und ist gegangen.

prendre des cours de français	*Französischunterricht nehmen*
prendre qn sur le fait	*jdn. auf frischer Tat ertappen*
s'y prendre bien	*sich geschickt anstellen*

Weitere Verben

apprendre – comprendre – se déprendre – entreprendre – s'éprendre – se méprendre – reprendre – surprendre

apprendre un poème	*ein Gedicht lernen*
se déprendre de qc/qn	*sich von etw./jdm. befreien*
s'éprendre de qn	*sich in jdn. verlieben*
se méprendre sur qn/qc	*sich in jdm./etw. irren*

Tipp

Sie kennen sicher schon viele Wendungen mit dem Verb prendre. Schlagen Sie weitere im Wörterbuch nach und tragen Sie sie in ein Diagramm ein, um das Gelernte besser zu strukturieren:

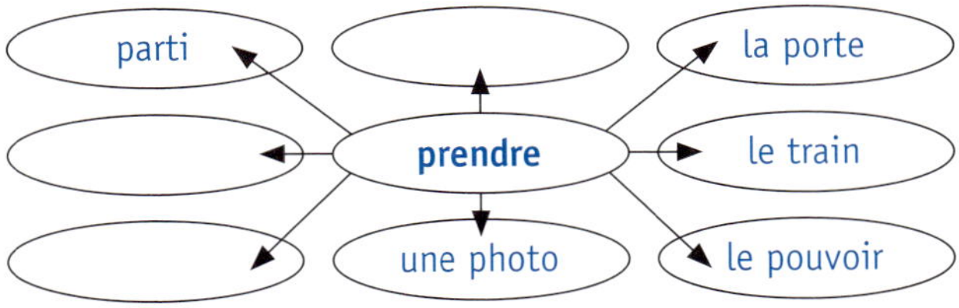

Eigene Notizen:

prévoir *vorhersehen*

Indicatif

Présent
je	prévois
tu	prévois
il	prévoit
nous	prévoyons
vous	prévoyez
ils	prévoient

Passé composé
j'	ai	prévu
tu	as	prévu
il	a	prévu
nous	avons	prévu
vous	avez	prévu
ils	ont	prévu

Imparfait
je	prévoyais
tu	prévoyais
il	prévoyait
nous	prévoyions
vous	prévoyiez
ils	prévoyaient

Plus-que-parfait
j'	avais	prévu
tu	avais	prévu
il	avait	prévu
nous	avions	prévu
vous	aviez	prévu
ils	avaient	prévu

Passé simple
je	prévis
tu	prévis
il	prévit
nous	prévîmes
vous	prévîtes
ils	prévirent

Passé antérieur
j'	eus	prévu
tu	eus	prévu
il	eut	prévu
nous	eûmes	prévu
vous	eûtes	prévu
ils	eurent	prévu

Futur simple
je	prévoirai
tu	prévoiras
il	prévoira
nous	prévoirons
vous	prévoirez
ils	prévoiront

Futur antérieur
j'	aurai	prévu
tu	auras	prévu
il	aura	prévu
nous	aurons	prévu
vous	aurez	prévu
ils	auront	prévu

Subjonctif

Présent
que	je	prévoie
que	tu	prévoies
qu'	il	prévoie
que	nous	prévoyions
que	vous	prévoyiez
qu'	ils	prévoient

Passé
que	j'	aie	prévu
que	tu	aies	prévu
qu'	il	ait	prévu
que	nous	ayons	prévu
que	vous	ayez	prévu
qu'	ils	aient	prévu

Imparfait
que	je	prévisse
que	tu	prévisses
qu'	il	prévît
que	nous	prévissions
que	vous	prévissiez
qu'	ils	prévissent

Plus-que-parfait
que	j'	eusse	prévu
que	tu	eusses	prévu
qu'	il	eût	prévu
que	nous	eussions	prévu
que	vous	eussiez	prévu
qu'	ils	eussent	prévu

Conditionnel

Présent
je	prévoirais
tu	prévoirais
il	prévoirait
nous	prévoirions
vous	prévoiriez
ils	prévoiraient

Passé
j'	aurais	prévu
tu	aurais	prévu
il	aurait	prévu
nous	aurions	prévu
vous	auriez	prévu
ils	auraient	prévu

Impératif

prévois
prévoyons
prévoyez

Participe

Présent	Passé
prévoyant	prévu(e)

prévoir *vorhersehen*

Beispiele und Wendungen

Qui pouvait prévoir cet incident ?
Wer konnte diesen Zwischenfall vorhersehen?

Tout a été prévu.
Alles ist geplant worden.

Je ne prévoyais pas que cela arriverait ainsi.
Ich dachte nicht, dass es so passieren würde.

prévoir l'avenir	*die Zukunft vorhersehen*
prévoir qc à l'avance	*etw. weit im Voraus planen*
tout prévoir	*alles im Voraus bedenken*
des difficultés à prévoir	*zu erwartende Schwierigkeiten*
avoir quelque chose de prévu	*etwas vorhaben*

Besonderheiten

Das Verb prévoir wird – bis auf Futur simple und Conditionnel présent – wie voir (Nr. 74) konjugiert:

Il prévoyait de partir le lendemain matin.
Er hatte vor, am nächsten Morgen zu fahren.

Ils prévoiront leurs vacances plus tard.
Sie werden ihren Urlaub später planen.

Tu prévoirais combien de personnes pour ta fête ?
Wie viel Personen würdest du für deine Feier einplanen?

Tipp

Merken Sie sich auch das Substantiv la prévision *die Vorhersage*, die man hauptsächlich in der Wendung les prévisions météorologiques *die Wettervorhersage* findet.

Eigene Notizen:

recevoir *bekommen*

-c- → -ç- vor -o und -u

Indicatif

Présent

je	reçois
tu	reçois
il	reçoit
nous	recevons
vous	recevez
ils	reçoivent

Imparfait

je	recevais
tu	recevais
il	recevait
nous	recevions
vous	receviez
ils	recevaient

Passé simple

je	reçus
tu	reçus
il	reçut
nous	reçûmes
vous	reçûtes
ils	reçurent

Futur simple

je	recevrai
tu	recevras
il	recevra
nous	recevrons
vous	recevrez
ils	recevront

Passé composé

j'	ai	reçu
tu	as	reçu
il	a	reçu
nous	avons	reçu
vous	avez	reçu
ils	ont	reçu

Plus-que-parfait

j'	avais	reçu
tu	avais	reçu
il	avait	reçu
nous	avions	reçu
vous	aviez	reçu
ils	avaient	reçu

Passé antérieur

j'	eus	reçu
tu	eus	reçu
il	eut	reçu
nous	eûmes	reçu
vous	eûtes	reçu
ils	eurent	reçu

Futur antérieur

j'	aurai	reçu
tu	auras	reçu
il	aura	reçu
nous	aurons	reçu
vous	aurez	reçu
ils	auront	reçu

Subjonctif

Présent

que	je	reçoive
que	tu	reçoives
qu'	il	reçoive
que	nous	recevions
que	vous	receviez
qu'	ils	reçoivent

Passé

que	j'	aie	reçu
que	tu	aies	reçu
qu'	il	ait	reçu
que	nous	ayons	reçu
que	vous	ayez	reçu
qu'	ils	aient	reçu

Imparfait

que	je	reçusse
que	tu	reçusses
qu'	il	reçût
que	nous	reçussions
que	vous	reçussiez
qu'	ils	reçussent

Plus-que-parfait

que	j'	eusse	reçu
que	tu	eusses	reçu
qu'	il	eût	reçu
que	nous	eussions	reçu
que	vous	eussiez	reçu
qu'	ils	eussent	reçu

Conditionnel

Présent

je	recevrais
tu	recevrais
il	recevrait
nous	recevrions
vous	recevriez
ils	recevraient

Passé

j'	aurais	reçu
tu	aurais	reçu
il	aurait	reçu
nous	aurions	reçu
vous	auriez	reçu
ils	auraient	reçu

Impératif

reçois
recevons
recevez

Participe

Présent	Passé
recevant	reçu(e)

recevoir *bekommen*

Beispiele und Wendungen

À Noël, nous avons reçu beaucoup de cadeaux.
Zu Weihnachten haben wir viele Geschenke bekommen.

Elle nous reçoit toujours très gentiment.
Sie empfängt uns immer auf sehr freundliche Weise.

recevoir une lettre	*einen Brief bekommen*
recevoir qn chez soi	*jdn. zu sich nach Hause einladen*
ne recevoir personne	*für niemanden zu sprechen sein*
être reçu à un examen	*eine Prüfung bestehen*

Weitere Verben

apercevoir – concevoir – décevoir – entrapercevoir – percevoir

apercevoir qc / qn	*etw. / jdn. bemerken, etw. / jdn. sehen*
concevoir un projet	*ein Projekt planen*
décevoir qn	*jdn. enttäuschen*
percevoir une somme d'argent	*Geld einnehmen*

Besonderheiten

Bei diesen Verben auf -oir wird das -c- im Stamm vor -a und -o zu -ç-, um eine einheitliche Aussprache zu bewahren:

Je ne conçois pas cela!
Das kann ich nicht verstehen!

Tipp

Die Verben dieser Gruppe werden wie devoir (Nr. 36) konjugiert. Wenn Sie dessen Formen bereits kennen, brauchen Sie hier also nur noch auf das -ç- und auf das Participe passé (reçu) zu achten!

Eigene Notizen:

rendre *zurückgeben*

Indicatif

Présent

je	rends
tu	rends
il	rend
nous	rendons
vous	rendez
ils	rendent

Passé composé

j'	ai	rendu
tu	as	rendu
il	a	rendu
nous	avons	rendu
vous	avez	rendu
ils	ont	rendu

Imparfait

je	rendais
tu	rendais
il	rendait
nous	rendions
vous	rendiez
ils	rendaient

Plus-que-parfait

j'	avais	rendu
tu	avais	rendu
il	avait	rendu
nous	avions	rendu
vous	aviez	rendu
ils	avaient	rendu

Passé simple

je	rendis
tu	rendis
il	rendit
nous	rendîmes
vous	rendîtes
ils	rendirent

Passé antérieur

j'	eus	rendu
tu	eus	rendu
il	eut	rendu
nous	eûmes	rendu
vous	eûtes	rendu
ils	eurent	rendu

Futur simple

je	rendrai
tu	rendras
il	rendra
nous	rendrons
vous	rendrez
ils	rendront

Futur antérieur

j'	aurai	rendu
tu	auras	rendu
il	aura	rendu
nous	aurons	rendu
vous	aurez	rendu
ils	auront	rendu

Subjonctif

Présent

que	je	rende
que	tu	rendes
qu'	il	rende
que	nous	rendions
que	vous	rendiez
qu'	ils	rendent

Passé

que	j'	aie	rendu
que	tu	aies	rendu
qu'	il	ait	rendu
que	nous	ayons	rendu
que	vous	ayez	rendu
qu'	ils	aient	rendu

Imparfait

que	je	rendisse
que	tu	rendisses
qu'	il	rendît
que	nous	rendissions
que	vous	rendissiez
qu'	ils	rendissent

Plus-que-parfait

que	j'	eusse	rendu
que	tu	eusses	rendu
qu'	il	eût	rendu
que	nous	eussions	rendu
que	vous	eussiez	rendu
qu'	ils	eussent	rendu

Conditionnel

Présent

je	rendrais
tu	rendrais
il	rendrait
nous	rendrions
vous	rendriez
ils	rendraient

Passé

j'	aurais	rendu
tu	aurais	rendu
il	aurait	rendu
nous	aurions	rendu
vous	auriez	rendu
ils	auraient	rendu

Impératif

rends
rendons
rendez

Participe

Présent	Passé
rendant	rendu(e)

rendre *zurückgeben*

Beispiele und Wendungen

Tu me rends mon livre ?
Gibst du mir mein Buch zurück?

Ils se sont rendus à la police.
Sie haben sich der Polizei gestellt.

rendre qc à qn	*jdm. etw. zurückgeben*
rendre la monnaie	*(Wechselgeld) herausgeben*
rendre l'âme	*den Geist aufgeben*
rendre intéressant	*interessant machen*
se rendre à Paris	*sich nach Paris begeben*
se rendre à l'ennemi	*sich dem Feind ergeben*

Weitere Verben

attendre – correspondre – défendre – descendre – entendre – étendre – fondre – mordre – perdre – répandre – répondre – tendre – tondre – vendre

attendre le bus	*auf den Bus warten*
défendre sa patrie	*seine Heimat verteidigen*
descendre du train	*aus dem Zug (aus)steigen*
perdre la raison	*den Verstand verlieren*
répondre au téléphone	*ans Telefon gehen*
tendre la main à qn	*jdm. die Hand reichen*
vendre qc à qn	*jdm. etw. verkaufen*

Tipp

Versuchen Sie, noch mehr Verben zu finden, die diese Endungen (-andre, -endre, -ondre, -erdre, -ordre) haben und nach diesem wichtigen Muster konjugiert werden. Bilden Sie mit den Verben jeweils einen Satz. So prägen Sie sich die Formen gut ein!

Eigene Notizen:

rire *lachen*

Indicatif

Présent

je	ris
tu	ris
il	rit
nous	rions
vous	riez
ils	rient

Passé composé

j'	ai	ri
tu	as	ri
il	a	ri
nous	avons	ri
vous	avez	ri
ils	ont	ri

Imparfait

je	riais
tu	riais
il	riait
nous	riions
vous	riiez
ils	riaient

Plus-que-parfait

j'	avais	ri
tu	avais	ri
il	avait	ri
nous	avions	ri
vous	aviez	ri
ils	avaient	ri

Passé simple

je	ris
tu	ris
il	rit
nous	rîmes
vous	rîtes
ils	rirent

Passé antérieur

j'	eus	ri
tu	eus	ri
il	eut	ri
nous	eûmes	ri
vous	eûtes	ri
ils	eurent	ri

Futur simple

je	rirai
tu	riras
il	rira
nous	rirons
vous	rirez
ils	riront

Futur antérieur

j'	aurai	ri
tu	auras	ri
il	aura	ri
nous	aurons	ri
vous	aurez	ri
ils	auront	ri

Subjonctif

Présent

que	je	rie
que	tu	ries
qu'	il	rie
que	nous	riions
que	vous	riiez
qu'	ils	rient

Passé

que	j'	aie	ri
que	tu	aies	ri
qu'	il	ait	ri
que	nous	ayons	ri
que	vous	ayez	ri
qu'	ils	aient	ri

Imparfait

que	je	risse
que	tu	risses
qu'	il	rît
que	nous	rissions
que	vous	rissiez
qu'	ils	rissent

Plus-que-parfait

que	j'	eusse	ri
que	tu	eusses	ri
qu'	il	eût	ri
que	nous	eussions	ri
que	vous	eussiez	ri
qu'	ils	eussent	ri

Conditionnel

Présent

je	rirais
tu	rirais
il	rirait
nous	ririons
vous	ririez
ils	riraient

Passé

j'	aurais	ri
tu	aurais	ri
il	aurait	ri
nous	aurions	ri
vous	auriez	ri
ils	auraient	ri

Impératif

ris
rions
riez

Participe

Présent	Passé
riant	ri *(unveränderlich)*

rire *lachen*

Beispiele und Wendungen

Il rit toujours.
Er lacht immer.

Je ne ris pas de toi, je ris de cette blague.
Ich lache nicht über dich, ich lache über diesen Witz.

rire aux éclats	*schallend lachen*
c'est seulement pour rire	*das ist nur zum Spaß*
rire de qn	*sich über jdn. lustig machen*

Weitere Verben

sourire

sourire à qn	*jdn. anlächeln*
sourire jusqu'aux oreilles	*über das ganze Gesicht strahlen*

Besonderheiten

Vorsicht! Die Singularformen des Indicatif présent und des Passé simple sind gleich, ihre jeweilige Bedeutung lässt sich nur aus dem Kontext erschließen:

Elle rit aux éclats.
Sie lacht/ lachte lauthals.

Und nochmals Vorsicht! Die 1. und 2. Person Plural des Imparfait und des Subjonctif présent schreiben sich mit zwei -i-: nous r**ii**ons, vous r**ii**ez, ...

Tipp

Rire findet man in einigen Sprichwörtern:

Rira bien qui rira le dernier.	*Wer zuletzt lacht, lacht am besten.*
Mieux vaut rire que pleurer.	*Lachen ist besser als Weinen.*

Eigene Notizen:

rompre *brechen*

Indicatif

Présent

je	romps
tu	romps
il	rompt
nous	rompons
vous	rompez
ils	rompent

Imparfait

je	rompais
tu	rompais
il	rompait
nous	rompions
vous	rompiez
ils	rompaient

Passé simple

je	rompis
tu	rompis
il	rompit
nous	rompîmes
vous	rompîtes
ils	rompirent

Futur simple

je	romprai
tu	rompras
il	rompra
nous	romprons
vous	romprez
ils	rompront

Passé composé

j'	ai	rompu
tu	as	rompu
il	a	rompu
nous	avons	rompu
vous	avez	rompu
ils	ont	rompu

Plus-que-parfait

j'	avais	rompu
tu	avais	rompu
il	avait	rompu
nous	avions	rompu
vous	aviez	rompu
ils	avaient	rompu

Passé antérieur

j'	eus	rompu
tu	eus	rompu
il	eut	rompu
nous	eûmes	rompu
vous	eûtes	rompu
ils	eurent	rompu

Futur antérieur

j'	aurai	rompu
tu	auras	rompu
il	aura	rompu
nous	aurons	rompu
vous	aurez	rompu
ils	auront	rompu

Subjonctif

Présent

que	je	rompe
que	tu	rompes
qu'	il	rompe
que	nous	rompions
que	vous	rompiez
qu'	ils	rompent

Passé

que	j'	aie	rompu
que	tu	aies	rompu
qu'	il	ait	rompu
que	nous	ayons	rompu
que	vous	ayez	rompu
qu'	ils	aient	rompu

Imparfait

que	je	rompisse
que	tu	rompisses
qu'	il	rompît
que	nous	rompissions
que	vous	rompissiez
qu'	ils	rompissent

Plus-que-parfait

que	j'	eusse	rompu
que	tu	eusses	rompu
qu'	il	eût	rompu
que	nous	eussions	rompu
que	vous	eussiez	rompu
qu'	ils	eussent	rompu

Conditionnel

Présent

je	romprais
tu	romprais
il	romprait
nous	romprions
vous	rompriez
ils	rompraient

Passé

j'	aurais	rompu
tu	aurais	rompu
il	aurait	rompu
nous	aurions	rompu
vous	auriez	rompu
ils	auraient	rompu

Impératif

romps
rompons
rompez

Participe

Présent	Passé
rompant	rompu(e)

rompre *brechen*

Beispiele und Wendungen

Un coup de vent a rompu le mât du bateau.
Ein Windstoß hat den Mast des Schiffes zerbrochen.

En tombant de cheval, il s'est rompu le cou.
Als er vom Pferd fiel, hat er sich den Hals gebrochen.

L'acteur a été applaudi à tout rompre.
Der Schauspieler hat sehr großen Beifall erhalten.

rompre les négociations	*die Verhandlungen abbrechen*
rompre avec qn	*sich von jdm. trennen*
être rompu de fatigue	*todmüde sein*
se rompre qc	*sich etw. brechen*
à bâtons rompus	*mit Unterbrechungen*

Weitere Verben

corrompre – interrompre

corrompre un fonctionnaire	*einen Beamten bestechen*
interrompre la conversation	*das Gespräch unterbrechen*

Besonderheiten

Die Verben dieser Gruppe werden bis auf die 3. Person Singular des Indicatif présent, die hier mit -t geschrieben wird, wie rendre (Nr. 61) konjugiert:

Il rompt une fois de plus son contrat.
Er bricht einmal mehr seinen Vertrag.

Ils ont interrompu leur travail pour venir chez nous.
Sie haben ihre Arbeit unterbrochen, um uns zu besuchen.

Eigene Notizen:

savoir *wissen*

Indicatif

Présent

je	sais
tu	sais
il	sait
nous	savons
vous	savez
ils	savent

Passé composé

j'	ai	su
tu	as	su
il	a	su
nous	avons	su
vous	avez	su
ils	ont	su

Imparfait

je	savais
tu	savais
il	savait
nous	savions
vous	saviez
ils	savaient

Plus-que-parfait

j'	avais	su
tu	avais	su
il	avait	su
nous	avions	su
vous	aviez	su
ils	avaient	su

Passé simple

je	sus
tu	sus
il	sut
nous	sûmes
vous	sûtes
ils	surent

Passé antérieur

j'	eus	su
tu	eus	su
il	eut	su
nous	eûmes	su
vous	eûtes	su
ils	eurent	su

Futur simple

je	saurai
tu	sauras
il	saura
nous	saurons
vous	saurez
ils	sauront

Futur antérieur

j'	aurai	su
tu	auras	su
il	aura	su
nous	aurons	su
vous	aurez	su
ils	auront	su

Subjonctif

Présent

que	je	sache
que	tu	saches
qu'	il	sache
que	nous	sachions
que	vous	sachiez
qu'	ils	sachent

Passé

que	j'	aie	su
que	tu	aies	su
qu'	il	ait	su
que	nous	ayons	su
que	vous	ayez	su
qu'	ils	aient	su

Imparfait

que	je	susse
que	tu	susses
qu'	il	sût
que	nous	sussions
que	vous	sussiez
qu'	ils	sussent

Plus-que-parfait

que	j'	eusse	su
que	tu	eusses	su
qu'	il	eût	su
que	nous	eussions	su
que	vous	eussiez	su
qu'	ils	eussent	su

Conditionnel

Présent

je	saurais
tu	saurais
il	saurait
nous	saurions
vous	sauriez
ils	sauraient

Passé

j'	aurais	su
tu	aurais	su
il	aurait	su
nous	aurions	su
vous	auriez	su
ils	auraient	su

Impératif

sache
sachons
sachez

Participe

Présent	Passé
sachant	su(e)

savoir *wissen*

Beispiele und Wendungen

Sais-tu où est Marc ?
Weißt du, wo Marc ist?

Je ne sais pas ma leçon.
Ich kann meine Lektion nicht.

savoir qc	*etw. wissen, etw. können*
savoir nager	*schwimmen können*
cela se sait...	*jeder weiß es ...*
bon à savoir	*gut zu wissen*

Besonderheiten

Achten Sie auf die unregelmäßigen Formen des Subjonctif présent und des Imperativs, die sehr geläufig sind. Im Imperativ hat die Form die Bedeutung *erfahren, zur Kenntnis nehmen*.

Il faut que tu saches cela.
Das musst du wissen.

Sache que je pars demain !
Nimm zur Kenntnis, dass ich morgen gehe!

Im Futur und im Conditionnel présent ändert sich der Stamm von sav- zu sau-:

Tôt ou tard, je le saurai.
Früher oder später werde ich es wissen/erfahren.

Tipp

Wenn Sie die Formen des Verbs lernen, merken Sie sich gleichzeitig folgende Substantive:
le savoir *das Wissen*, le savoir-faire *das Können, das Know-how*.

Eigene Notizen:

servir *bedienen*

Indicatif

Présent

je	sers
tu	sers
il	sert
nous	servons
vous	servez
ils	servent

Passé composé

j'	ai	servi
tu	as	servi
il	a	servi
nous	avons	servi
vous	avez	servi
ils	ont	servi

Imparfait

je	servais
tu	servais
il	servait
nous	servions
vous	serviez
ils	servaient

Plus-que-parfait

j'	avais	servi
tu	avais	servi
il	avait	servi
nous	avions	servi
vous	aviez	servi
ils	avaient	servi

Passé simple

je	servis
tu	servis
il	servit
nous	servîmes
vous	servîtes
ils	servirent

Passé antérieur

j'	eus	servi
tu	eus	servi
il	eut	servi
nous	eûmes	servi
vous	eûtes	servi
ils	eurent	servi

Futur simple

je	servirai
tu	serviras
il	servira
nous	servirons
vous	servirez
ils	serviront

Futur antérieur

j'	aurai	servi
tu	auras	servi
il	aura	servi
nous	aurons	servi
vous	aurez	servi
ils	auront	servi

Subjonctif

Présent

que	je	serve
que	tu	serves
qu'	il	serve
que	nous	servions
que	vous	serviez
qu'	ils	servent

Passé

que	j'	aie	servi
que	tu	aies	servi
qu'	il	ait	servi
que	nous	ayons	servi
que	vous	ayez	servi
qu'	ils	aient	servi

Imparfait

que	je	servisse
que	tu	servisses
qu'	il	servît
que	nous	servissions
que	vous	servissiez
qu'	ils	servissent

Plus-que-parfait

que	j'	eusse	servi
que	tu	eusses	servi
qu'	il	eût	servi
que	nous	eussions	servi
que	vous	eussiez	servi
qu'	ils	eussent	servi

Conditionnel

Présent

je	servirais
tu	servirais
il	servirait
nous	servirions
vous	serviriez
ils	serviraient

Passé

j'	aurais	servi
tu	aurais	servi
il	aurait	servi
nous	aurions	servi
vous	auriez	servi
ils	auraient	servi

Impératif

sers
servons
servez

Participe

Présent	Passé
servant	servi *(unveränderlich)*

servir *bedienen*

Beispiele und Wendungen

Ils servent le dîner à 19 heures.
Sie servieren das Abendessen um 19 Uhr.

Cette machine sert à couper le pain.
Diese Maschine benutzt man, um Brot zu schneiden.

servir un client	*einen Kunden bedienen*
servir Dieu	*Gott dienen*
servir à qc	*zu etw. dienen/nützlich sein*
servir de prétexte	*als Vorwand dienen*
se servir de qc	*etw. benutzen*

Weitere Verben

desservir – (se) resservir

desservir la table	*den Tisch abräumen*
se resservir à boire	*sich noch etw. zu trinken einschenken*

Besonderheiten

Wie die Verben der Gruppe partir (Nr. 52) und der Gruppe dormir (Nr. 38) verliert servir im Singular des Indicatif présent und des Imperativs den Endkonsonanten des Stamms, d. h. das -v-:

Il ne se sert jamais de ses outils.
Er benutzt sein Werkzeug nie.

Tipp

Von servir lassen sich viele Substantive ableiten: le service *der Dienst, die Bedienung,* le/la servant(e) *der/die Diener(in),* la servitude *die Unterwürfigkeit,* la serviette *die Serviette, das Handtuch.*

Eigene Notizen:

suffire *genügen*

Indicatif

Présent

je	suffis
tu	suffis
il	suffit
nous	suffisons
vous	suffisez
ils	suffisent

Imparfait

je	suffisais
tu	suffisais
il	suffisait
nous	suffisions
vous	suffisiez
ils	suffisaient

Passé simple

je	suffis
tu	suffis
il	suffit
nous	suffîmes
vous	suffîtes
ils	suffirent

Futur simple

je	suffirai
tu	suffiras
il	suffira
nous	suffirons
vous	suffirez
ils	suffiront

Passé composé

j'	ai	suffi
tu	as	suffi
il	a	suffi
nous	avons	suffi
vous	avez	suffi
ils	ont	suffi

Plus-que-parfait

j'	avais	suffi
tu	avais	suffi
il	avait	suffi
nous	avions	suffi
vous	aviez	suffi
ils	avaient	suffi

Passé antérieur

j'	eus	suffi
tu	eus	suffi
il	eut	suffi
nous	eûmes	suffi
vous	eûtes	suffi
ils	eurent	suffi

Futur antérieur

j'	aurai	suffi
tu	auras	suffi
il	aura	suffi
nous	aurons	suffi
vous	aurez	suffi
ils	auront	suffi

Subjonctif

Présent

que	je	suffise
que	tu	suffises
qu'	il	suffise
que	nous	suffisions
que	vous	suffisiez
qu'	ils	suffisent

Passé

que	j'	aie	suffi
que	tu	aies	suffi
qu'	il	ait	suffi
que	nous	ayons	suffi
que	vous	ayez	suffi
qu'	ils	aient	suffi

Imparfait

que	je	suffisse
que	tu	suffisses
qu'	il	suffît
que	nous	suffissions
que	vous	suffissiez
qu'	ils	suffissent

Plus-que-parfait

que	j'	eusse	suffi
que	tu	eusses	suffi
qu'	il	eût	suffi
que	nous	eussions	suffi
que	vous	eussiez	suffi
qu'	ils	eussent	suffi

Conditionnel

Présent

je	suffirais
tu	suffirais
il	suffirait
nous	suffirions
vous	suffiriez
ils	suffiraient

Passé

j'	aurais	suffi
tu	aurais	suffi
il	aurait	suffi
nous	aurions	suffi
vous	auriez	suffi
ils	auraient	suffi

Impératif

suffis
suffisons
suffisez

Participe

Présent	Passé
suffisant	suffi *(unveränderlich)*

suffire *genügen*

Beispiele und Wendungen

Mon salaire ne me suffit pas.
Mein Lohn reicht mir nicht.

La moindre contrariété suffit à l'irriter.
Der kleinste Ärger reicht, um ihn aus der Fassung zu bringen.

Il suffit de lire la notice !
Man braucht nur die Gebrauchsanweisung zu lesen!

suffire à qn	*jdm. genügen / reichen*
il suffit de...	*es reicht ...*
se suffire à soi-même	*selbst für sich sorgen; sich selbst genügen*
Cela suffit !	*Es reicht!*

Besonderheiten

Im Indicatif présent (Pluralformen) und Imparfait sowie im Subjonctif présent ändert sich der Stamm suffi- zu suffis-:

Vos efforts ne suffisent pas encore !
Ihre Bemühungen reichen noch nicht!

Il suffisait de fermer les yeux pour se croire 30 ans en arrière.
Man brauchte nur die Augen zu schließen und man fühlte sich um 30 Jahre zurückversetzt.

Tipp

Eine gute Aussprache bekommt man durch häufiges Sprechen. Beschränken Sie sich beim Trainieren Ihrer Aussprache nicht auf Übungen, in denen Sie zum Nachsprechen aufgefordert werden. Sprechen Sie alles laut, was Sie können! Lesen Sie die Konjugationstabellen stets laut und wiederholen Sie die Beispielsätze immer wieder!

Eigene Notizen:

suivre *folgen*

Indicatif

Présent

je	suis
tu	suis
il	suit
nous	suivons
vous	suivez
ils	suivent

Passé composé

j'	ai	suivi
tu	as	suivi
il	a	suivi
nous	avons	suivi
vous	avez	suivi
ils	ont	suivi

Imparfait

je	suivais
tu	suivais
il	suivait
nous	suivions
vous	suiviez
ils	suivaient

Plus-que-parfait

j'	avais	suivi
tu	avais	suivi
il	avait	suivi
nous	avions	suivi
vous	aviez	suivi
ils	avaient	suivi

Passé simple

je	suivis
tu	suivis
il	suivit
nous	suivîmes
vous	suivîtes
ils	suivirent

Passé antérieur

j'	eus	suivi
tu	eus	suivi
il	eut	suivi
nous	eûmes	suivi
vous	eûtes	suivi
ils	eurent	suivi

Futur simple

je	suivrai
tu	suivras
il	suivra
nous	suivrons
vous	suivrez
ils	suivront

Futur antérieur

j'	aurai	suivi
tu	auras	suivi
il	aura	suivi
nous	aurons	suivi
vous	aurez	suivi
ils	auront	suivi

Subjonctif

Présent

que	je	suive
que	tu	suives
qu'	il	suive
que	nous	suivions
que	vous	suiviez
qu'	ils	suivent

Passé

que	j'	aie	suivi
que	tu	aies	suivi
qu'	il	ait	suivi
que	nous	ayons	suivi
que	vous	ayez	suivi
qu'	ils	aient	suivi

Imparfait

que	je	suivisse
que	tu	suivisses
qu'	il	suivît
que	nous	suivissions
que	vous	suivissiez
qu'	ils	suivissent

Plus-que-parfait

que	j'	eusse	suivi
que	tu	eusses	suivi
qu'	il	eût	suivi
que	nous	eussions	suivi
que	vous	eussiez	suivi
qu'	ils	eussent	suivi

Conditionnel

Présent

je	suivrais
tu	suivrais
il	suivrait
nous	suivrions
vous	suivriez
ils	suivraient

Passé

j'	aurais	suivi
tu	aurais	suivi
il	aurait	suivi
nous	aurions	suivi
vous	auriez	suivi
ils	auraient	suivi

Impératif

suis
suivons
suivez

Participe

Présent	Passé
suivant	suivi(e)

suivre *folgen*

Beispiele und Wendungen

Suivez les panneaux.
Folgen Sie den Schildern.

Il les avait suivis depuis deux heures déjà.
Er war ihnen schon zwei Stunden lang gefolgt.

suivre qn à la trace	*jdm. dicht folgen*
suivre des cours	*Unterricht nehmen*
ne pas suivre en cours	*im Unterricht nicht mitkommen*

Weitere Verben

poursuivre

poursuivre qn	*jdn. verfolgen*
poursuivre un but	*ein Ziel anstreben / verfolgen*

Besonderheiten

Die 1. Person Singular des Indicatif présent hat die gleiche Form wie die entsprechende Form von être. Die Bedeutung muss also aus dem Zusammenhang erschlossen werden:

Je suis les instructions qu'on m'a données.
Ich folge den Anweisungen, die mir gegeben wurden.

Je suis le mari de Christine.
Ich bin Christines Ehemann.

In den zusammengesetzten Zeiten wird suivre anders als im Deutschen mit avoir konjugiert:

Avez-vous suivi ses conseils ?
Sind Sie seinen Ratschlägen gefolgt?

Eigene Notizen:

traire *melken*

-ai- → -ay- vor betonten Endungen, die mit Vokal beginnen

Indicatif

Présent

je	trais
tu	trais
il	trait
nous	trayons
vous	trayez
ils	traient

Passé composé

j'	ai	trait
tu	as	trait
il	a	trait
nous	avons	trait
vous	avez	trait
ils	ont	trait

Imparfait

je	trayais
tu	trayais
il	trayait
nous	trayions
vous	trayiez
ils	trayaient

Plus-que-parfait

j'	avais	trait
tu	avais	trait
il	avait	trait
nous	avions	trait
vous	aviez	trait
ils	avaient	trait

Passé simple

—
—
—
—
—
—

Passé antérieur

j'	eus	trait
tu	eus	trait
il	eut	trait
nous	eûmes	trait
vous	eûtes	trait
ils	eurent	trait

Futur simple

je	trairai
tu	trairas
il	traira
nous	trairons
vous	trairez
ils	trairont

Futur antérieur

j'	aurai	trait
tu	auras	trait
il	aura	trait
nous	aurons	trait
vous	aurez	trait
ils	auront	trait

Subjonctif

Présent

que	je	traie
que	tu	traies
qu'	il	traie
que	nous	trayions
que	vous	trayiez
qu'	ils	traient

Passé

que	j'	aie	trait
que	tu	aies	trait
qu'	il	ait	trait
que	nous	ayons	trait
que	vous	ayez	trait
qu'	ils	aient	trait

Imparfait

—
—
—
—
—
—

Plus-que-parfait

que	j'	eusse	trait
que	tu	eusses	trait
qu'	il	eût	trait
que	nous	eussions	trait
que	vous	eussiez	trait
qu'	ils	eussent	trait

Conditionnel

Présent

je	trairais
tu	trairais
il	trairait
nous	trairions
vous	trairiez
ils	trairaient

Passé

j'	aurais	trait
tu	aurais	trait
il	aurait	trait
nous	aurions	trait
vous	auriez	trait
ils	auraient	trait

Impératif

trais
trayons
trayez

Participe

Présent	Passé
trayant	trait(e)

traire *melken*

Beispiele und Wendungen

À la ferme, il faut traire les vaches régulièrement.
Auf dem Bauernhof müssen die Kühe regelmäßig gemolken werden.

traire un animal	*ein Tier melken*

Weitere Verben

abstraire – braire – distraire – extraire – soustraire

abstraire qc	*etw. verallgemeinern*
un âne brait	*ein Esel iaht*
distraire qn	*jdn. unterhalten*
distraire qn de ses travaux	*jdn. von seiner Arbeit ablenken*
extraire un minerai	*Erz fördern*
soustraire un dossier	*eine Akte verschwinden lassen*

Besonderheiten

Vor betonten Endungen, die mit Vokal beginnen, wird -ai- zu -ay-:

Il tr**ai**t ses chèvres tous les matins.
Er melkt seine Ziegen jeden Morgen.

Il se soustr**ay**ait toujours à la colère de son père.
Er entzog sich stets dem Zorn seines Vaters.

Nous nous distr**ay**ons vraiment pendant les vacances.
Wir amüsieren uns wirklich während der Ferien.

Alle diese Verben sind unvollständig, es gibt keine Formen des Passé simple und des Subjonctif imparfait.

Braire wird fast ausschließlich in der 3. Person Singular und im Infinitiv verwendet.

Eigene Notizen:

vaincre *besiegen*

-c- → -qu- vor Vokal

Indicatif

Présent

je	vaincs
tu	vaincs
il	vainc
nous	vainquons
vous	vainquez
ils	vainquent

Imparfait

je	vainquais
tu	vainquais
il	vainquait
nous	vainquions
vous	vainquiez
ils	vainquaient

Passé simple

je	vainquis
tu	vainquis
il	vainquit
nous	vainquîmes
vous	vainquîtes
ils	vainquirent

Futur simple

je	vaincrai
tu	vaincras
il	vaincra
nous	vaincrons
vous	vaincrez
ils	vaincront

Passé composé

j'	ai	vaincu
tu	as	vaincu
il	a	vaincu
nous	avons	vaincu
vous	avez	vaincu
ils	ont	vaincu

Plus-que-parfait

j'	avais	vaincu
tu	avais	vaincu
il	avait	vaincu
nous	avions	vaincu
vous	aviez	vaincu
ils	avaient	vaincu

Passé antérieur

j'	eus	vaincu
tu	eus	vaincu
il	eut	vaincu
nous	eûmes	vaincu
vous	eûtes	vaincu
ils	eurent	vaincu

Futur antérieur

j'	aurai	vaincu
tu	auras	vaincu
il	aura	vaincu
nous	aurons	vaincu
vous	aurez	vaincu
ils	auront	vaincu

Subjonctif

Présent

que	je	vainque
que	tu	vainques
qu'	il	vainque
que	nous	vainquions
que	vous	vainquiez
qu'	ils	vainquent

Passé

que	j'	aie	vaincu
que	tu	aies	vaincu
qu'	il	ait	vaincu
que	nous	ayons	vaincu
que	vous	ayez	vaincu
qu'	ils	aient	vaincu

Imparfait

que	je	vainquisse
que	tu	vainquisses
qu'	il	vainquît
que	nous	vainquissions
que	vous	vainquissiez
qu'	ils	vainquissent

Plus-que-parfait

que	j'	eusse	vaincu
que	tu	eusses	vaincu
qu'	il	eût	vaincu
que	nous	eussions	vaincu
que	vous	eussiez	vaincu
qu'	ils	eussent	vaincu

Conditionnel

Présent

je	vaincrais
tu	vaincrais
il	vaincrait
nous	vaincrions
vous	vaincriez
ils	vaincraient

Passé

j'	aurais	vaincu
tu	aurais	vaincu
il	aurait	vaincu
nous	aurions	vaincu
vous	auriez	vaincu
ils	auraient	vaincu

Impératif

vaincs
vainquons
vainquez

Participe

Présent	Passé
vainquant	vaincu(e)

vaincre *besiegen*

Beispiele und Wendungen

Les Romains ont vaincu beaucoup d'ennemis.
Die Römer haben viele Feinde besiegt.

Il vainquit son malheur.
Er überwand sein Unglück.

vaincre à la guerre	*im Krieg siegen*
vaincre qn à la course	*jdn. beim Wettlauf schlagen*

Weitere Verben

convaincre

convaincre qn de qc	*jdn. von etw. überzeugen*
convaincre qn d'un crime	*jdn. eines Verbrechens überführen*
se convaincre de qc par soi-même	*sich selbst von etw. überzeugen*

Besonderheiten

Damit die Aussprache erhalten bleibt, ändert sich bei diesen beiden Verben teilweise das Schriftbild: vor einem Vokal wird -c- zu -qu-.

Il ne me convain**c** pas du tout.
Er überzeugt mich überhaupt nicht.

Ils ne me convain**qu**ent pas du tout.
Sie überzeugen mich überhaupt nicht.

Das Participe passé wird aber mit -c- geschrieben!

Il a été vain**c**u aux dernières élections.
Er ist bei der letzten Wahl geschlagen worden.

Und Achtung! Die 3. Person Singular des Präsens wird ohne -t geschrieben:
il vain**c**, il convain**c**.

Eigene Notizen:

valoir *wert sein*

Indicatif

Présent

je	vaux
tu	vaux
il	vaut
nous	valons
vous	valez
ils	valent

Passé composé

j'	ai	valu
tu	as	valu
il	a	valu
nous	avons	valu
vous	avez	valu
ils	ont	valu

Imparfait

je	valais
tu	valais
il	valait
nous	valions
vous	valiez
ils	valaient

Plus-que-parfait

j'	avais	valu
tu	avais	valu
il	avait	valu
nous	avions	valu
vous	aviez	valu
ils	avaient	valu

Passé simple

je	valus
tu	valus
il	valut
nous	valûmes
vous	valûtes
ils	valurent

Passé antérieur

j'	eus	valu
tu	eus	valu
il	eut	valu
nous	eûmes	valu
vous	eûtes	valu
ils	eurent	valu

Futur simple

je	vaudrai
tu	vaudras
il	vaudra
nous	vaudrons
vous	vaudrez
ils	vaudront

Futur antérieur

j'	aurai	valu
tu	auras	valu
il	aura	valu
nous	aurons	valu
vous	aurez	valu
ils	auront	valu

Subjonctif

Présent

que	je	vaille
que	tu	vailles
qu'	il	vaille
que	nous	valions
que	vous	valiez
qu'	ils	vaillent

Passé

que	j'	aie	valu
que	tu	aies	valu
qu'	il	ait	valu
que	nous	ayons	valu
que	vous	ayez	valu
qu'	ils	aient	valu

Imparfait

que	je	valusse
que	tu	valusses
qu'	il	valût
que	nous	valussions
que	vous	valussiez
qu'	ils	valussent

Plus-que-parfait

que	j'	eusse	valu
que	tu	eusses	valu
qu'	il	eût	valu
que	nous	eussions	valu
que	vous	eussiez	valu
qu'	ils	eussent	valu

Conditionnel

Présent

je	vaudrais
tu	vaudrais
il	vaudrait
nous	vaudrions
vous	vaudriez
ils	vaudraient

Passé

j'	aurais	valu
tu	aurais	valu
il	aurait	valu
nous	aurions	valu
vous	auriez	valu
ils	auraient	valu

Impératif

vaux
valons
valez

Participe

Présent	Passé
valant	valu(e)

valoir *wert sein*

Beispiele und Wendungen

Ce bijou vaut 2.000 euros.
Dieses Schmuckstück ist 2.000 Euro wert.

Cette méthode en vaut bien une autre.
Diese Methode ist genauso gut wie eine andere.

ne pas valoir grand chose	*nicht viel wert sein*
cela en vaut la peine	*es ist der Mühe wert*
il vaut / vaudrait mieux...	*es ist / wäre besser ...*

Weitere Verben

équivaloir – prévaloir – revaloir

équivaloir à qc	*mit etw. gleichwertig sein*
équivaloir à un refus	*einer Ablehnung gleichkommen*
se prévaloir de qc	*etw. geltend machen*

Besonderheiten

Achten Sie besonders auf die drei unregelmäßigen Personen im Singular des Indicatif présent: je vaux, tu vaux, il vaut.

Ähnlich wie bei vouloir (Nr. 75) wird im Indicatif futur und im Conditionnel présent der Stamm von val- zu vaud-:

Cela n'en vaudra pas la peine !
Das wird nicht nötig sein!

Tipp

Da das Verb valoir unter anderem beim Einkaufen verwendet wird, können Sie dessen Formen gleich in praktischen Fragen üben:

Combien vaut le ... ? Combien valent les ... ? *Wie viel kostet / kosten ...?*

Eigene Notizen:

venir *kommen*

Indicatif

Présent		Passé composé		
je	viens	je	suis	venu
tu	viens	tu	es	venu
il	vient	il	est	venu
nous	venons	nous	sommes	venus
vous	venez	vous	êtes	venus
ils	viennent	ils	sont	venus

Imparfait		Plus-que-parfait		
je	venais	j'	étais	venu
tu	venais	tu	étais	venu
il	venait	il	était	venu
nous	venions	nous	étions	venus
vous	veniez	vous	étiez	venus
ils	venaient	ils	étaient	venus

Passé simple		Passé antérieur		
je	vins	je	fus	venu
tu	vins	tu	fus	venu
il	vint	il	fut	venu
nous	vînmes	nous	fûmes	venus
vous	vîntes	vous	fûtes	venus
ils	vinrent	ils	furent	venus

Futur simple		Futur antérieur		
je	viendrai	je	serai	venu
tu	viendras	tu	seras	venu
il	viendra	il	sera	venu
nous	viendrons	nous	serons	venus
vous	viendrez	vous	serez	venus
ils	viendront	ils	seront	venus

Subjonctif

Présent

que	je	vienne
que	tu	viennes
qu'	il	vienne
que	nous	venions
que	vous	veniez
qu'	ils	viennent

Passé

que	je	sois	venu
que	tu	sois	venu
qu'	il	soit	venu
que	nous	soyons	venus
que	vous	soyez	venus
qu'	ils	soient	venus

Imparfait

que	je	vinsse
que	tu	vinsses
qu'	il	vînt
que	nous	vinssions
que	vous	vinssiez
qu'	ils	vinssent

Plus-que-parfait

que	je	fusse	venu
que	tu	fusses	venu
qu'	il	fût	venu
que	nous	fussions	venus
que	vous	fussiez	venus
qu'	ils	fussent	venus

Conditionnel

Présent		Passé		
je	viendrais	je	serais	venu
tu	viendrais	tu	serais	venu
il	viendrait	il	serait	venu
nous	viendrions	nous	serions	venus
vous	viendriez	vous	seriez	venus
ils	viendraient	ils	seraient	venus

Impératif

viens
venons
venez

Participe

Présent	Passé
venant	venu(e)

venir *kommen*

Beispiele und Wendungen

Il vient demain de bonne heure.
Er kommt morgen früh.

Mon fils me vient à l'épaule.
Mein Sohn reicht mir bis zur Schulter.

venir à l'esprit de qn	*jdm. einfallen / in den Sinn kommen*
venir du latin	*aus dem Lateinischen stammen*
venir de faire qc	*gerade etw. getan haben*
venir chercher qn	*jdn. abholen (kommen)*

Weitere Verben

s'abstenir – advenir – appartenir – contenir – convenir – détenir – devenir – entretenir – intervenir – maintenir – obtenir – parvenir – prévenir – provenir – retenir – revenir– soutenir – se souvenir – subvenir – survenir – tenir

obtenir raison	*Recht bekommen*
soutenir une opinion	*eine Meinung verteidigen*
survenir à l'improviste	*unerwartet auftauchen / passieren*

Besonderheiten

Venir und die anderen Verben auf -venir werden in den zusammengesetzten Zeiten mit être konjugiert (außer convenir, prévenir und subvenir):

Il est parvenu à ses fins.
Er hat sein Ziel erreicht.

Vous avez prévenu vos parents ?
Habt ihr eure Eltern informiert?

Tenir und die anderen Verben auf -tenir werden mit avoir konjugiert.

Eigene Notizen:

vêtir *anziehen, bekleiden*

Indicatif

Présent

je	vêts
tu	vêts
il	vêt
nous	vêtons
vous	vêtez
ils	vêtent

Passé composé

j'	ai	vêtu
tu	as	vêtu
il	a	vêtu
nous	avons	vêtu
vous	avez	vêtu
ils	ont	vêtu

Imparfait

je	vêtais
tu	vêtais
il	vêtait
nous	vêtions
vous	vêtiez
ils	vêtaient

Plus-que-parfait

j'	avais	vêtu
tu	avais	vêtu
il	avait	vêtu
nous	avions	vêtu
vous	aviez	vêtu
ils	avaient	vêtu

Passé simple

je	vêtis
tu	vêtis
il	vêtit
nous	vêtîmes
vous	vêtîtes
ils	vêtirent

Passé antérieur

j'	eus	vêtu
tu	eus	vêtu
il	eut	vêtu
nous	eûmes	vêtu
vous	eûtes	vêtu
ils	eurent	vêtu

Futur simple

je	vêtirai
tu	vêtiras
il	vêtira
nous	vêtirons
vous	vêtirez
ils	vêtiront

Futur antérieur

j'	aurai	vêtu
tu	auras	vêtu
il	aura	vêtu
nous	aurons	vêtu
vous	aurez	vêtu
ils	auront	vêtu

Subjonctif

Présent

que	je	vête
que	tu	vêtes
qu'	il	vête
que	nous	vêtions
que	vous	vêtiez
qu'	ils	vêtent

Passé

que	j'	aie	vêtu
que	tu	aies	vêtu
qu'	il	ait	vêtu
que	nous	ayons	vêtu
que	vous	ayez	vêtu
qu'	ils	aient	vêtu

Imparfait

que	je	vêtisse
que	tu	vêtisses
qu'	il	vêtît
que	nous	vêtissions
que	vous	vêtissiez
qu'	ils	vêtissent

Plus-que-parfait

que	j'	eusse	vêtu
que	tu	eusses	vêtu
qu'	il	eût	vêtu
que	nous	eussions	vêtu
que	vous	eussiez	vêtu
qu'	ils	eussent	vêtu

Conditionnel

Présent

je	vêtirais
tu	vêtirais
il	vêtirait
nous	vêtirions
vous	vêtiriez
ils	vêtiraient

Passé

j'	aurais	vêtu
tu	aurais	vêtu
il	aurait	vêtu
nous	aurions	vêtu
vous	auriez	vêtu
ils	auraient	vêtu

Impératif

vêts
vêtons
vêtez

Participe

Présent	Passé
vêtant	vêtu(e)

vêtir *anziehen, bekleiden*

Beispiele und Wendungen

Il faut vêtir votre enfant, il fait froid dehors.
Ziehen Sie Ihr Kind gut/warm an, es ist kalt draußen.

Ils sont très généreux et vêtissent les pauvres.
Sie sind sehr großzügig und versorgen die Armen mit Kleidung.

se vêtir de noir	*sich in Schwarz kleiden*
se vêtir à la française	*sich nach der französischen Mode kleiden*

Weitere Verben

se dévêtir – revêtir – survêtir

revêtir un uniforme	*eine Uniform anziehen/tragen*
revêtir un fauteuil de tissu	*einen Sessel mit Stoff beziehen*
revêtir une importance particulière	*von besonderer Bedeutung sein*

Besonderheiten

Der Accent circonflexe bleibt in allen Formen erhalten!

Achten Sie besonders auf die Formen der 1. und 2. Person Singular des Indicatif présent, die unregelmäßig sind. Bis auf das Participe passé (vêt**u**) werden alle anderen Formen wie partir (Nr. 52) konjugiert:

Je vêts mon costume de clown.
Ich ziehe mein Clownkostüm an.

Tipp

Häufiger als vêtir benutzt man in der Umgangssprache das Verb s'habiller. Merken Sie sich daher bei vêtir die geläufigsten Formen, die man hauptsächlich in der Literatur findet: il vêt, ils vêtissent, und die Formen des Passé composé!

Eigene Notizen:

vivre *leben*

Indicatif

Présent

je	vis
tu	vis
il	vit
nous	vivons
vous	vivez
ils	vivent

Imparfait

je	vivais
tu	vivais
il	vivait
nous	vivions
vous	viviez
ils	vivaient

Passé simple

je	vécus
tu	vécus
il	vécut
nous	vécûmes
vous	vécûtes
ils	vécurent

Futur simple

je	vivrai
tu	vivras
il	vivra
nous	vivrons
vous	vivrez
ils	vivront

Passé composé

j'	ai	vécu
tu	as	vécu
il	a	vécu
nous	avons	vécu
vous	avez	vécu
ils	ont	vécu

Plus-que-parfait

j'	avais	vécu
tu	avais	vécu
il	avait	vécu
nous	avions	vécu
vous	aviez	vécu
ils	avaient	vécu

Passé antérieur

j'	eus	vécu
tu	eus	vécu
il	eut	vécu
nous	eûmes	vécu
vous	eûtes	vécu
ils	eurent	vécu

Futur antérieur

j'	aurai	vécu
tu	auras	vécu
il	aura	vécu
nous	aurons	vécu
vous	aurez	vécu
ils	auront	vécu

Subjonctif

Présent

que	je	vive
que	tu	vives
qu'	il	vive
que	nous	vivions
que	vous	viviez
qu'	ils	vivent

Passé

que	j'	aie	vécu
que	tu	aies	vécu
qu'	il	ait	vécu
que	nous	ayons	vécu
que	vous	ayez	vécu
qu'	ils	aient	vécu

Imparfait

que	je	vécusse
que	tu	vécusses
qu'	il	vécût
que	nous	vécussions
que	vous	vécussiez
qu'	ils	vécussent

Plus-que-parfait

que	j'	eusse	vécu
que	tu	eusses	vécu
qu'	il	eût	vécu
que	nous	eussions	vécu
que	vous	eussiez	vécu
qu'	ils	eussent	vécu

Conditionnel

Présent

je	vivrais
tu	vivrais
il	vivrait
nous	vivrions
vous	vivriez
ils	vivraient

Passé

j'	aurais	vécu
tu	aurais	vécu
il	aurait	vécu
nous	aurions	vécu
vous	auriez	vécu
ils	auraient	vécu

Impératif

vis
vivons
vivez

Participe

Présent	Passé
vivant	vécu(e)

vivre *leben*

Beispiele und Wendungen

Il vit sa vie au jour le jour.
Er lebt in den Tag hinein.

Elles vivaient à la campagne.
Sie lebten/wohnten auf dem Land.

vivre qc	*etw. erleben*
vivre de maïs	*sich von Mais ernähren*
vivre seul	*für sich/separat wohnen*

Weitere Verben

revivre – survivre

faire revivre un personnage	*eine Figur wieder aufleben lassen*
survivre à un accident	*einen Unfall überleben*

Besonderheiten

Verwechseln Sie nicht die Singularformen des Indicatif présent mit denen des Passé simple von voir (Nr. 74)!

Elle vit dans des conditions misérables.
Sie lebt in ärmlichsten Verhältnissen.

Elle le vit arriver.
Sie sah ihn kommen.

Achten Sie auf den besonderen Stamm vécu- im Passé simple, Subjonctif imparfait und Participe passé:

Ensemble, ils vécurent heureux jusqu'à la fin.
Sie lebten glücklich miteinander bis ans Ende ihrer Tage.

Eigene Notizen:

voir *sehen*

Indicatif

Présent

je	vois
tu	vois
il	voit
nous	voyons
vous	voyez
ils	voient

Imparfait

je	voyais
tu	voyais
il	voyait
nous	voyions
vous	voyiez
ils	voyaient

Passé simple

je	vis
tu	vis
il	vit
nous	vîmes
vous	vîtes
ils	virent

Futur simple

je	verrai
tu	verras
il	verra
nous	verrons
vous	verrez
ils	verront

Passé composé

j'	ai	vu
tu	as	vu
il	a	vu
nous	avons	vu
vous	avez	vu
ils	ont	vu

Plus-que-parfait

j'	avais	vu
tu	avais	vu
il	avait	vu
nous	avions	vu
vous	aviez	vu
ils	avaient	vu

Passé antérieur

j'	eus	vu
tu	eus	vu
il	eut	vu
nous	eûmes	vu
vous	eûtes	vu
ils	eurent	vu

Futur antérieur

j'	aurai	vu
tu	auras	vu
il	aura	vu
nous	aurons	vu
vous	aurez	vu
ils	auront	vu

Subjonctif

Présent

que	je	voie
que	tu	voies
qu'	il	voie
que	nous	voyions
que	vous	voyiez
qu'	ils	voient

Passé

que	j'	aie	vu
que	tu	aies	vu
qu'	il	ait	vu
que	nous	ayons	vu
que	vous	ayez	vu
qu'	ils	aient	vu

Imparfait

que	je	visse
que	tu	visses
qu'	il	vît
que	nous	vissions
que	vous	vissiez
qu'	ils	vissent

Plus-que-parfait

que	j'	eusse	vu
que	tu	eusses	vu
qu'	il	eût	vu
que	nous	eussions	vu
que	vous	eussiez	vu
qu'	ils	eussent	vu

Conditionnel

Présent

je	verrais
tu	verrais
il	verrait
nous	verrions
vous	verriez
ils	verraient

Passé

j'	aurais	vu
tu	aurais	vu
il	aurait	vu
nous	aurions	vu
vous	auriez	vu
ils	auraient	vu

Impératif

vois
voyons
voyez

Participe

Présent	Passé
voyant	vu(e)

voir *sehen*

Beispiele und Wendungen

Vous voyez l'avion là-bas ?
Seht ihr das Flugzeug dort?

Il avait enfin vu que j'avais raison.
Er hatte endlich eingesehen, dass ich Recht hatte.

voir qn / se voir régulièrement	*sich regelmäßig mit jdm. treffen*
faire voir qc à qn	*jdm. etw. zeigen*
aller voir qn	*jdn. besuchen*
cela n'a rien à voir avec cela	*es hat nichts damit zu tun*

Weitere Verben

entrevoir – revoir

entrevoir qc	*etw. nur flüchtig sehen*
entrevoir des difficultés	*Schwierigkeiten vorhersehen*
revoir qc / qn	etw. / *jdn. wiedersehen*
revoir des leçons	*Lektionen wiederholen*

Besonderheiten

Achten Sie besonders auf die Stammänderung von voi- zu voy- in der 1. und 2. Person Plural des Indicatif présent und Subjonctif présent und im gesamten Imparfait:
nous **voy**ons, que vous **voy**iez, je **voy**ais, ...

Folglich findet man in der 1. und 2. Person Plural des Imparfait und Subjonctif présent die Endungen -**yi**ons und -**yi**ez!

Tipp

Haben Sie mit der Konjugation Schwierigkeiten, dann schreiben Sie das Verb mehrfach ab und markieren Sie die Endungen und Besonderheiten farbig. Das hilft, sich die Formen einzuprägen!

Eigene Notizen:

vouloir *wollen*

Indicatif

Présent

je	veux
tu	veux
il	veut
nous	voulons
vous	voulez
ils	veulent

Passé composé

j'	ai	voulu
tu	as	voulu
il	a	voulu
nous	avons	voulu
vous	avez	voulu
ils	ont	voulu

Imparfait

je	voulais
tu	voulais
il	voulait
nous	voulions
vous	vouliez
ils	voulaient

Plus-que-parfait

j'	avais	voulu
tu	avais	voulu
il	avait	voulu
nous	avions	voulu
vous	aviez	voulu
ils	avaient	voulu

Passé simple

je	voulus
tu	voulus
il	voulut
nous	voulûmes
vous	voulûtes
ils	voulurent

Passé antérieur

j'	eus	voulu
tu	eus	voulu
il	eut	voulu
nous	eûmes	voulu
vous	eûtes	voulu
ils	eurent	voulu

Futur simple

je	voudrai
tu	voudras
il	voudra
nous	voudrons
vous	voudrez
ils	voudront

Futur antérieur

j'	aurai	voulu
tu	auras	voulu
il	aura	voulu
nous	aurons	voulu
vous	aurez	voulu
ils	auront	voulu

Subjonctif

Présent

que	je	veuille
que	tu	veuilles
qu'	il	veuille
que	nous	voulions
que	vous	vouliez
qu'	ils	veuillent

Passé

que	j'	aie	voulu
que	tu	aies	voulu
qu'	il	ait	voulu
que	nous	ayons	voulu
que	vous	ayez	voulu
qu'	ils	aient	voulu

Imparfait

que	je	voulusse
que	tu	voulusses
qu'	il	voulût
que	nous	voulussions
que	vous	voulussiez
qu'	ils	voulussent

Plus-que-parfait

que	j'	eusse	voulu
que	tu	eusses	voulu
qu'	il	eût	voulu
que	nous	eussions	voulu
que	vous	eussiez	voulu
qu'	ils	eussent	voulu

Conditionnel

Présent

je	voudrais
tu	voudrais
il	voudrait
nous	voudrions
vous	voudriez
ils	voudraient

Passé

j'	aurais	voulu
tu	aurais	voulu
il	aurait	voulu
nous	aurions	voulu
vous	auriez	voulu
ils	auraient	voulu

Impératif

veux / veuille
voulons / veuillons
voulez / veuillez

Participe

Présent	Passé
voulant	voulu(e)

vouloir *wollen*

Beispiele und Wendungen

Est-ce que tu veux venir avec nous ?
Willst du mit uns kommen?

Veuillez remplir ce formulaire, s'il vous plaît.
Bitte füllen Sie dieses Formular aus.

Vouloir, c'est pouvoir.
Wer will, der kann ...! / Wo ein Wille ist, ist auch ein Weg.

vouloir qc	*etw. (haben) wollen*
veuillez + *Infinitiv*	*seien Sie so nett und ...; bitte ...*
bien vouloir faire qc	*etw. gerne machen wollen*
en vouloir à qn	*jdm. etw. übel nehmen*

Besonderheiten

Achten Sie besonders auf die drei unregelmäßigen Singularformen im Indicatif présent, Sie werden Ihnen ständig begegnen: je veux, tu veux, il veut.

Ähnlich wie bei valoir (Nr. 70) wird im Futur simple und im Conditionnel présent der Stamm von voul- zu voud-:

Je voudrais un kilo de brugnons.
Ich möchte ein Kilo Nektarinen.

Im Imperativ benutzt man üblicherweise die regelmäßigen Formen veux, voulons, voulez:

Ne m'en veux pas. / Ne m'en voulez pas.
Sei mir nicht böse. / Seien Sie mir nicht böse.

Um aber jemanden höflich zu etwas aufzufordern, benutzt man die Formen veuille (selten) und veuillez:

Veuillez prendre place, s'il vous plaît.
Nehmen Sie bitte Platz.

Eigene Notizen:

se lever *aufstehen*

Indicatif

Présent

je	me	lève
tu	te	lèves
il	se	lève
nous	nous	levons
vous	vous	levez
ils	se	lèvent

Imparfait

je	me	levais
tu	te	levais
il	se	levait
nous	nous	levions
vous	vous	leviez
ils	se	levaient

Passé simple

je	me	levai
tu	te	levas
il	se	leva
nous	nous	levâmes
vous	vous	levâtes
ils	se	levèrent

Futur simple

je	me	lèverai
tu	te	lèveras
il	se	lèvera
nous	nous	lèverons
vous	vous	lèverez
ils	se	lèveront

Passé composé

je	me	suis	levé
tu	t'	es	levé
il	s'	est	levé
nous	nous	sommes	levés
vous	vous	êtes	levés
ils	se	sont	levés

Plus-que-parfait

je	m'	étais	levé
tu	t'	étais	levé
il	s'	était	levé
nous	nous	étions	levés
vous	vous	étiez	levés
ils	s'	étaient	levés

Passé antérieur

je	me	fus	levé
tu	te	fus	levé
il	se	fut	levé
nous	nous	fûmes	levés
vous	vous	fûtes	levés
ils	se	furent	levés

Futur antérieur

je	me	serai	levé
tu	te	seras	levé
il	se	sera	levé
nous	nous	serons	levés
vous	vous	serez	levés
ils	se	seront	levés

Subjonctif

Présent

que	je	me	lève
que	tu	te	lèves
qu'	il	se	lève
que	nous	nous	levions
que	vous	vous	leviez
qu'	ils	se	lèvent

Passé

que	je	me	sois	levé
que	tu	te	sois	levé
qu'	il	se	soit	levé
que	nous	nous	soyons	levés
que	vous	vous	soyez	levés
qu'	ils	se	soient	levés

Imparfait

que	je	me	levasse
que	tu	te	levasses
qu'	il	se	levât
que	nous	nous	levassions
que	vous	vous	levassiez
qu'	ils	se	levassent

Plus-que-parfait

que	je	me	fusse	levé
que	tu	te	fusses	levé
qu'	il	se	fût	levé
que	nous	nous	fussions	levés
que	vous	vous	fussiez	levés
qu'	ils	se	fussent	levés

Conditionnel

Présent

je	me	lèverais
tu	te	lèverais
il	se	lèverait
nous	nous	lèverions
vous	vous	lèveriez
ils	se	lèveraient

Passé

je	me	serais	levé
tu	te	serais	levé
il	se	serait	levé
nous	nous	serions	levés
vous	vous	seriez	levés
ils	se	seraient	levés

Impératif

lève-toi
levons-nous
levez-vous

Participe

Présent	Passé
se levant	s'étant levé

se lever *aufstehen*

Beispiele und Wendungen

Je me lève tous les matins à sept heures.
Ich stehe jeden Morgen um sieben Uhr auf.

Vous vous êtes levés à quelle heure ?
Um wie viel Uhr seid ihr aufgestanden?

se lever de bonne heure	*früh aufstehen*
se lever de table	*vom Tisch aufstehen*
le soleil se lève	*die Sonne geht auf*

Weitere Verben

s'allonger – s'asseoir – se coiffer – se coucher – se demander – s'étonner – s'habiller – s'intéresser – se laver – se présenter – se réveiller

se demander qc	*sich etw. fragen*
s'habiller chic	*sich schick anziehen / kleiden*
se laver les mains	*sich die Hände waschen*
se présenter à qn	*sich jdm. vorstellen*

Besonderheiten

Die zusammengesetzten Formen werden bei allen reflexiven Verben mit dem Hilfsverb être gebildet: il s'**est** levé, nous nous **sommes** levés, …

me, te, se stehen vor dem Verb und werden zu m', t', s' bei Verben, die mit Vokal oder mit „stummem h" anfangen: je **m'**appelle, il **s'**habitue, …

Tipp

Vorsicht! Einige Verben sind im Deutschen reflexiv, aber im Französischen nicht:
augmenter *sich erhöhen, steigen*, bouger *sich bewegen*, craindre *sich fürchten*, tomber amoureux de qn *sich in jdn. verlieben …*

Eigene Notizen:

être élu *gewählt werden*

Indicatif

Présent

je	suis	élu
tu	es	élu
il	est	élu
nous	sommes	élus
vous	êtes	élus
ils	sont	élus

Passé composé

j'	ai	été	élu
tu	as	été	élu
il	a	été	élu
nous	avons	été	élus
vous	avez	été	élus
ils	ont	été	élus

Imparfait

j'	étais	élu
tu	étais	élu
il	était	élu
nous	étions	élus
vous	étiez	élus
ils	étaient	élus

Plus-que-parfait

j'	avais	été	élu
tu	avais	été	élu
il	avait	été	élu
nous	avions	été	élus
vous	aviez	été	élus
ils	avaient	été	élus

Passé simple

je	fus	élu
tu	fus	élu
il	fut	élu
nous	fûmes	élus
vous	fûtes	élus
ils	furent	élus

Passé antérieur

j'	eus	été	élu
tu	eus	été	élu
il	eut	été	élu
nous	eûmes	été	élus
vous	eûtes	été	élus
ils	eurent	été	élus

Futur simple

je	serai	élu
tu	seras	élu
il	sera	élu
nous	serons	élus
vous	serez	élus
ils	seront	élus

Futur antérieur

j'	aurai	été	élu
tu	auras	été	élu
il	aura	été	élu
nous	aurons	été	élus
vous	aurez	été	élus
ils	auront	été	élus

Subjonctif

Présent

que	je	sois	élu
que	tu	sois	élu
qu'	il	soit	élu
que	nous	soyons	élus
que	vous	soyez	élus
qu'	ils	soient	élus

Passé

que	j'	aie	été	élu
que	tu	aies	été	élu
qu'	il	ait	été	élu
que	nous	ayons	été	élus
que	vous	ayez	été	élus
qu'	ils	aient	été	élus

Imparfait

que	je	fusse	élu
que	tu	fusses	élu
qu'	il	fût	élu
que	nous	fussions	élus
que	vous	fussiez	élus
qu'	ils	fussent	élus

Plus-que-parfait

que	j'	eusse	été	élu
que	tu	eusses	été	élu
qu'	il	eût	été	élu
que	nous	eussions	été	élus
que	vous	eussiez	été	élus
qu'	ils	eussent	été	élus

Conditionnel

Présent

je	serais	élu
tu	serais	élu
il	serait	élu
nous	serions	élus
vous	seriez	élus
ils	seraient	élus

Passé

j'	aurais	été	élu
tu	aurais	été	élu
il	aurait	été	élu
nous	aurions	été	élus
vous	auriez	été	élus
ils	auraient	été	élus

Impératif

sois	élu
soyons	élus
soyez	élus

Participe

Présent	Passé
étant élu	ayant été élu

être élu *gewählt werden*

Beispiele und Wendungen

Il a été élu dimanche dernier.
Er ist letzten Sonntag gewählt worden.

Qui a été élu aux élections présidentielles ?
Wer ist bei der Präsidentschaftswahl gewählt worden?

être élu (comme) président	*zum Präsidenten gewählt werden*
être élu au suffrage direct	*direkt gewählt werden*

Besonderheiten

Das Passiv wird gebildet aus den Formen von être und dem Partizip Perfekt des jeweiligen Verbs. Das Partizip Perfekt richtet sich dabei in Zahl und Geschlecht nach dem Subjekt des Satzes:

Le voleur est suivi par la police.	*Der Dieb wird von der Polizei verfolgt.*
Sa complice a été prise sur le fait.	*Seine Komplizin wurde auf frischer Tat ertappt.*
Ils ont été arrêtés hier.	*Sie wurden gestern festgenommen.*
Les filles seront condamnées à payer une amende.	*Die Mädchen werden zu einer Geldstrafe verurteilt werden.*

Der Urheber der Handlung wird einfach mit der Präposition par als präpositionale Ergänzung angeschlossen:

Elles seront interrogées par la police.	*Sie werden von der Polizei verhört werden.*

Tipp

Bilden Sie Sätze nach dem oben angegeben Muster. Gehen Sie dabei alle Varianten durch (maskulin, feminin, Singular, Plural) und achten Sie stets auf die Endungen. Sie können dabei auf ganz alltägliche Dinge zurückgreifen, z. B. le lit est fait, la porte est fermée, les nouilles sont cuites, …

Eigene Notizen:

Unvollständige Verben

Einige französische Verben werden nur in bestimmten Zeitformen oder bestimmten Personen einer Zeitform verwendet. Die wichtigsten sind nachstehend aufgeführt.

bruire *rauschen*	Ind. présent: il bruit, ils bruissent Imparfait: il bruissait, ils bruissaient Subj. présent: qu'il bruisse, qu'ils bruissent Part. présent: bruissant bruire ist vor allem im Infinitiv und im Indicatif présent gebräuchlich. On entend bruire les vagues. *Man hört die Wellen rauschen.* Le vent bruit dans la forêt. *Der Wind rauscht im Wald.*
choir *fallen*	Ind. présent: je chois, tu chois, il choit, ils choient Passé simple: je chus, tu chus, il chut, nous chûmes, vous chûtes, ils churent Cond. présent: je choirais, tu choirais, il choirait, nous choirions, vous choiriez, ils choiraient Part. passé: chu(e) + zusammengesetzte Zeiten mit être (hin und wieder mit avoir) Il a laissé choir la balle du balcon. *Er hat den Ball vom Balkon fallen lassen.* On lui donna un coup qui le fit choir. *Man versetzte ihm einen Hieb, der ihn umwarf.* se laisser choir *sich fallen lassen*
clore *schließen*	Ind. présent: je clos, tu clos, il clôt, ils closent Futur simple: je clorai, tu cloras, il clora, nous clorons, vous clorez, ils cloront Cond. présent: je clorais, tu clorais, il clorait, nous clorions, vous cloriez, ils cloraient Subj. présent: que je close, que tu closes, qu'il close, que nous closions, que vous closiez, qu'ils closent Part. passé: clos(e) + zusammengesetzte Zeiten mit avoir Cela clôt le débat. *Das setzt der Diskussion ein Ende.* une boîte hermétiquement close *eine gut verschlossene Dose*

déchoir
verfallen

Ind. présent:	je déchois, tu déchois, il déchoit, nous déchoyons, vous déchoyez, ils déchoient
Passé simple:	je déchus, tu déchus, il déchut, nous déchûmes, vous déchûtes, ils déchurent
Futur simple:	je déchoirai, tu déchoiras, il déchoira, nous déchoirons, vous déchoirez, ils déchoiront
Cond. présent:	je déchoirais, tu déchoirais, il déchoirait, nous déchoirions, vous déchoiriez, ils déchoiraient
Subj. présent:	que je déchoie, que tu déchoies, qu'il déchoie, que nous déchoyions, que vous déchoyiez, qu'ils déchoient
Subj. imparfait:	que je déchusse, que tu déchusses, qu'il déchût, que nous déchussions, que vous déchussiez, qu'ils déchussent
Part. passé:	déchu(e)

+ zusammengesetzte Zeiten mit avoir oder être

déchoir ist vor allem im Infinitiv sowie als Participe passé gebräuchlich.

Sa réputation commence à déchoir.
Sein Ruf wird allmählich schlechter.

Elle commença à déchoir.
Sie begann zu altern.

déchoir de son rang *seinen Rang verlieren*

échoir
ablaufen, fällig werden

Ind. présent:	il échoit, ils échoient
Imparfait:	il échoyait, ils échoyaient
Passé simple:	il échut, ils échurent
Futur simple:	il échoira, ils échoiront / il écherra, ils écherront
Cond. présent:	il échoirait, ils échoiraient
Subj. présent:	qu'il échoie, qu'ils échoient
Subj. imparfait:	qu'il échût, qu'ils échussent
Part. présent:	échéant
Part. passé:	échu(e)

+ zusammengesetzte Zeiten mit être oder avoir

échoir ist vor allem im Infinitiv, als Participe présent und Participe passé gebräuchlich.

Le premier terme échoit au 1er décembre.
Die erste Zahlung ist am 1. Dezember fällig.

Il lui est échu une succession à laquelle il ne pensait pas.
Ihm ist ein Erbe zugefallen, an das er nicht dachte.

le cas échéant *gegebenenfalls*

éclore *aufblühen, ausschlüpfen*	Ind. présent: il éclôt / il éclot, ils éclosent + übrige Zeiten wie clore, jedoch nur in der 3. Person Singular und Plural Die zusammengesetzten Zeiten werden mit être, hin und wieder auch mit avoir gebildet. Les poussins viennent d'éclore. *Die Küken sind frisch geschlüpft.* Ces fleurs sont écloses cette nuit. *Diese Blumen sind letzte Nacht aufgeblüht.* Ce siècle vit éclore de grands génies. *Dieses Jahrhundert brachte viele Genies hervor.*
s'ensuivre *resultieren*	Ind. présent: il s'ensuit Imparfait: il s'ensuivait Passé simple: il s'ensuivit Futur simple: il s'ensuivra Cond. présent: il s'ensuivrait Passé composé: il s'est ensuivi / il s'en est suivi Subj. présent: qu'il s'ensuive Subj. imparfait: qu'il s'ensuivît + übrige zusammengesetzte Zeiten Die Vorsilbe en- kann in allen zusammengesetzten Zeiten wie im Passé composé abgetrennt werden. Il l'a frappé jusqu'à ce que mort s'ensuive. *Er hat ihn zu Tode geprügelt.*
faillir *beinahe etwas tun*	Ind. présent, Imparfait, Futur simple, Cond. présent: wie finir (Nr. 17) Passé simple: je faillis, tu faillis, il faillit, nous faillîmes, vous faillîtes, ils faillirent Part. présent: faillant Part. passé: failli + zusammengesetzte Zeiten mit avoir faillir ist vor allem im Infinitiv, Passé simple sowie in den zusammengesetzten Zeiten gebräuchlich. J'ai failli mourir. *Ich wäre beinahe gestorben.* Il a failli l'oublier. *Er hätte sie fast vergessen.*

frire *braten*	Ind. présent: Futur simple: Cond. présent: Impératif: Part. passé:	je fris, tu fris, il frit je frirai, tu friras, il frira, nous frirons, vous frirez, ils friront je frirais, tu frirais, il frirait, nous fririons, vous fririez, ils friraient fris frit(e)
	+ zusammengesetzte Zeiten mit avoir Für die übrigen Zeiten wird faire frire benutzt. frire ist vor allem im Infinitiv und als Participe passé gebräuchlich. Elle a mis le poisson à frire. *Sie hat den Fisch gebraten.*	
gésir *liegen*	Ind. présent: Imparfait: Part. présent:	je gis, tu gis, il gît, nous gisons, vous gisez, ils gisent je gisais, tu gisais, il gisait, nous gisions, vous gisiez, ils gisaient gisant
	Il gisait dans son sang. *Er lag in seinem Blut.* Ci-gît un illustre auteur. *Hier liegt ein berühmter Autor begraben.*	
ouïr *hören*	Part. passé:	ouï(e)
	+ zusammengesetzte Zeiten mit avoir On a fait ouïr des témoins. *Es wurden Zeugen vernommen.*	
paître *weiden*	Ind. présent: Imparfait: Futur simple: Cond. présent: Subj. présent: Part. présent:	je pais, tu pais, il paît, nous paissons, vous paissez, ils paissent je paissais, tu paissais, il paissait, nous paissions, vous paissiez, ils paissaient je paîtrai, tu paîtras, il paîtra, nous paîtrons, vous paîtrez, ils paîtront je paîtrais, tu paîtrais, il paîtrait, nous paîtrions, vous paîtriez, ils paîtraient que je paisse, que tu paisses, qu'il paisse, que nous paissions, que vous paissiez, qu'ils paissent paissant
	Les vaches paissent dans le pré. *Die Kühe weiden auf der Wiese.*	

poindre *sprießen; anbrechen*	Ind. présent: il point Imparfait: il poignait Futur simple: il poindra Cond. présent: il poindrait Part. présent: poignant Je partirai dès que le jour poindra. *Ich werde gehen, sobald der Tag anbricht.* Vorsicht! Die Form poignant hat eine abweichende Bedeutung: Ce film est vraiment poignant. *Dieser Film ist wirklich ergreifend.*
quérir *suchen*	quérir ist nur im Infinitiv nach aller, envoyer, faire und venir gebräuchlich. Allez me quérir le directeur. *Holen Sie mir den Direktor.*
seoir *gut stehen*	Ind. présent: il sied, ils siéent Imparfait: il seyait, ils seyaient Futur simple: il siéra, ils siéront Cond. présent: il siérait, ils siéraient Subj. présent: qu'il siée, qu'ils siéent Part. présent: seyant Vor allem das Participe présent von seoir ist gebräuchlich. une robe très seyante *ein sehr gut sitzendes Kleid*

Präpositionen der häufigsten Verben

Dem Französischlernenden kann der Gebrauch der richtigen Präposition nach einem Verb (mit oder ohne Infinitiv) Schwierigkeiten bereiten. Die folgende Auswahl berücksichtigt daher vor allem Verben, die im Französischen eine andere Präposition führen als im Deutschen.

s'agir **de** qc *sich um etw. handeln*	Il s'agit d'un thème très intéressant.
aider qn **à** (faire) qc *jdm. bei etw. helfen*	Peux-tu m'aider à porter cette valise ?
aller **en** … *mit … fahren/gehen*	Ils y sont allés en train.
s'amuser **de** qc/qn *sich über etw./jdn. lustig machen*	Tu t'amuses de moi ?
s'amuser **à** faire qc *seinen Spaß daran haben, etw. zu tun*	Il s'amuse à faire le clown.
s'apercevoir **de** qc *etw. (be)merken*	Je me suis alors aperçu de son départ.
appartenir **à** qn *jdm. gehören*	Ce livre appartient à Philippe.
apprendre **à** faire qc *lernen, etw. zu tun*	Il apprend à dessiner.
(s') approcher **de** qc/qn *sich etw./jdm. nähern*	Il s'approchait lentement de moi.
assister **à** qc *bei etw. dabei sein*	Vous assistez au spectacle ce soir ?
s'attendre **à** qc *etw. erwarten*	Je ne m'attendais pas à la voir.
avertir qn **de** qc *jdn. vor etw. warnen*	Il m'avertissait toujours du danger.
bénéficier **de** qc *von etw. profitieren*	Vous bénéficierez d'une réduction.
cesser **de** faire qc *aufhören, etw. zu tun*	Cessez de m'interrompre !
changer **de** qc *etw. wechseln*	Vous avez changé de travail ?
commencer **à**/**de** faire qc *anfangen, etw. zu tun*	Elle a commencé à travailler hier.

commencer **par** qc *mit etw. beginnen*	Il commença par l'introduction.
comparer **avec / à** qc *mit etw. vergleichen*	Il compare ses résultats à ceux de son frère.
compter **sur** qc / qn *mit etw. / jdm. rechnen*	Je compte sur vous dimanche.
conduire **à** qc *zu etw. führen*	Je vous conduis à votre chambre.
se consacrer **à** qc *sich etw. widmen*	Il se consacre à la peinture.
consentir **à** faire qc *einwilligen, etw. zu tun*	Elle a consenti à l'épouser.
se contenter **de** qc *sich mit etw. zufrieden geben*	Vous vous contenterez de cela !
continuer **à / de** faire qc *weiter(hin) etw. tun*	Continuez à / de parler !
contribuer **à** qc *zu etw. beitragen*	Il a contribué à mon succès.
convaincre qn **de** qc *jdn. von etw. überzeugen*	Il faut le convaincre de partir.
croire qn *jdm. glauben*	Je ne le crois pas.
croire **à / en** qc *an etw. glauben*	Je crois aux fantômes. Je crois en Dieu.
décider **de** qc *über etw. entscheiden*	Il décide du budget de l'entreprise.
se décider **à** faire qc *sich entschließen, etw. zu tun*	Je me suis décidée à partir en vacances.
demander qc **à** qn *jdn. etw. fragen*	Il doit le demander à son chef.
dépendre **de** qc / qn *von etw. / jdm. abhängen*	Cela dépend de vous.
discuter **de** qc *über etw. diskutieren / sprechen*	De quoi discutent-elles ?
disposer **de** qc *über etw. verfügen*	Ils disposent de beaucoup d'argent.
douter **de** qc / qn *an etw. / jdm. zweifeln*	Ils doutent de ses propos.

échouer **à** qc *an etw. scheitern*	Elle a échoué à son examen.
écouter qn *jdm. zuhören*	Vous m'écoutez ?
empêcher qn **de** faire qc *jdn. (daran) hindern, etw. zu tun*	Il l'empêche toujours de dormir.
entourer **de** qc *mit etw. umgeben*	Elle l'entourait toujours d'amour.
essayer **de** faire qc *versuchen, etw. zu tun*	Tu essaieras de faire mieux !
s'essayer **à** qc *sich in/an etw. versuchen*	Elle s'essayait à la musique.
s'étonner **de** qc *sich über etw. wundern*	Tu t'étonnes de cela ?
éviter **de** faire qc *vermeiden, etw. zu tun*	Nous éviterons de leur en parler.
féliciter qn **de** qc *jdm. zu etw. gratulieren*	Je vous félicite de votre succès.
finir **de** faire qc *etw. beenden; aufhören, etw. zu tun*	Tu as fini de travailler ?
fournir qc **à** qn *jdm. etw. liefern/geben*	Elle lui fournit son pain.
habiter **à/dans** *wohnen in*	Ils habitent dans une maison à la campagne.
s'habituer **à** qc/qn *sich an etw./jdn. gewöhnen*	Elle s'est habituée à lui.
hésiter **à** faire qc *zögern, etw. zu tun*	Elle a hésité à venir.
insister **sur** qc *etw. betonen*	J'ai insisté sur l'importance de cette affaire.
s'intéresser **à** qc/qn *sich für etw./jdn. interessieren*	Elle s'intéresse à la littérature.
jouer **à** qc *etw. (Spiel, Sportart) spielen*	Ils jouent aux cartes / au football.
jouer **de** qc *etw. (Instrument) spielen*	Elle joue de la clarinette.

manquer **à** qn *jdm. fehlen*	Ils me manquent beaucoup.
manquer **de** qc *an etw. mangeln/fehlen*	Ils manquent d'argent.
se méfier **de** qn / qc *etw./jdm. misstrauen*	Je me méfie de lui.
menacer qn **de** (faire) qc *jdn. mit etw. (be)drohen*	Elle l'a menacé de prévenir ses parents.
mentir **à** qn *jdn. belügen*	Il m'a menti.
se mettre **à** faire qc *anfangen, etw. zu tun*	Il s'est soudain mis à rire.
se moquer **de** qc / qn *sich über etw./jdn. lustig machen*	Il se moque toujours de moi.
obéir **à** qn *jdm. gehorchen*	Le chien lui obéit vraiment bien.
obliger qn **à** (faire) qc *jdn. zu etw. zwingen*	Je l'ai obligé à aller à l'école.
s'occuper **de** qc / qn *sich um etw./jdn. kümmern*	Tu t'occupes d'elle ?
oublier **de** faire qc *vergessen, etw. zu tun*	J'ai oublié d'arroser les plantes.
parler **de** qc **à** qn *mit jdm. über etw. sprechen*	Tu as parlé de ton mariage à ta mère ?
participer **à** qc *an etw. teilnehmen*	Ils ont participé au concours.
passer **par** qc *über … gehen/reisen*	Ils sont passés par Paris.
se passer **de** qc / qn *auf etw./jdn. verzichten*	Je ne peux pas me passer d'elle.
penser **à** qc / qn *an etw./jdn. denken*	Je pense à toi souvent.
permettre **de** faire qc **à** qn *jdn. erlauben, etw. zu tun*	Elle lui a permis de sortir.
persuader qn **de** qc *jdn. von etw. überzeugen*	Peux-tu le persuader de venir ?

se plaindre **de** qc *sich über etw. beklagen*	Elle se plaint toujours de son travail.
se préoccuper **de** qc / qn *sich über etw. Gedanken machen*	Ne te préoccupe pas de cela.
prévenir qn **de** qc *jdn. vor etw. warnen,* *jdn. über etw. informieren*	Préviens-la de notre arrivée.
profiter **à** qn *jdm. von Nutzen sein*	Son mariage lui a bien profité.
profiter **de** qc *von etw. profitieren, etw. genießen*	Profite bien de tes vacances.
protéger qn / qc **de** / **contre** qc *jdn. / etw. vor / gegen etw. schützen*	Il faut protéger la nature contre la pollution.
rappeler qc **à** qn *jdn. an etw. erinnern*	Tu le rappelleras à ta femme.
(se) rapprocher **de** qn / qc *sich jdm. / etw. nähern*	Rapprochez-vous de moi.
réagir **à** qc *auf etw. reagieren*	Comment a-t-elle réagi à vos paroles ?
réclamer qc **à** qn *etw. von jdm. fordern*	Elle a réclamé une augmentation à son chef.
réfléchir **à** / **sur** qc *über etw. nachdenken*	Réfléchis à ce que je t'ai dit.
refuser **de** faire qc *ablehnen, etw. zu tun*	Elle refuse de partir seule.
se refuser **à** faire qc *sich weigern, etw. zu tun*	Elle se refuse à partir.
se réjouir **de** (faire) qc *sich über etw. freuen*	Il se réjouit de votre arrivée.
remercier qn **de** qc *jdn. für etw. danken*	Je vous remercie de votre cadeau.
renoncer **à** qc *auf etw. verzichten*	Elle renonce à ses vacances.
répondre **à** qc / qn *auf etw. / jdm. antworten*	Qu'est-ce que tu réponds à cela ?
résister **à** qc / qn *sich gegen etw. / jdn. wehren*	Elle résista aux coups.

réussir **à** faire qc *etw. erfolgreich tun*	Il a réussi à avoir son examen.
rire **de** qc / qn *über etw. / jdn. lachen*	Il rit de moi.
risquer **de** faire qc *riskieren, etw. zu tun*	Il risque d'avoir une contravention.
se risquer **à** faire qc *sich wagen / trauen, etw. zu tun*	Il s'est risqué à escalader la montagne.
se satisfaire **de** qc *sich mit etw. zufrieden geben*	Il s'est satisfait d'une petite collation.
servir **à** qc *zu etw. dienen / nützlich sein*	Cela ne sert à rien.
se servir **de** qn / qc **pour** (faire) qc *jdn. / etw. zu etw. benutzen*	Il s'est servi d'elle pour arriver à ses fins.
songer **à** qc / qn *an etw. / jdn. denken*	À quoi songes-tu ?
sortir **de** qc *aus etw. herauskommen / herausholen*	Sors de là !
souffrir **de** qc *an / unter etw. leiden*	Elle souffre beaucoup de son départ.
sourire **à** qn *jdn. anlächeln*	Elle a souri au photographe.
sourire **de** qc / qn *über etw. / jdn. lächeln*	Il sourit de sa blague.
se souvenir **de** qc / qn *sich an etw. / jdn. erinnern*	Je me souviens de lui.
suivre qn / qc *jdm. / etw. folgen*	Il le suivit jusqu'à l'arrêt de bus.
survivre **à** qn / qc *jdn. / etw. überleben*	Il a survécu à l'attentat.
tâcher **de** faire qc *versuchen, etw. zu tun*	Tâche de réussir ton examen !
téléphoner **à** qn *jdn. anrufen*	Il faut téléphoner à Marie.
tenir **à** faire qc *darauf Wert legen, etw. zu tun*	Il tenait à être présent.

tenter **de** faire qc *versuchen, etw. zu tun*	Elle a tenté de prendre la fuite.
traiter **de** qc *von etw. handeln*	Ce livre traite du racisme.
trembler **de** *zittern vor*	Nous tremblions de peur.
user **de** qc *etw. nutzen*	Ils ont usé de tous leurs moyens.
veiller **à** qc *auf etw. achten*	Veille à ce que cela ne se reproduise pas.
en vouloir **à** qn *jdm. böse sein*	J'en veux à Céline de m'avoir menti.
s'en vouloir **de** qc *sich etw. vorwerfen*	Il s'en voulait de l'avoir laissé faire.

Alphabetische Verbliste

In nachstehender Liste sind die wichtigsten regelmäßigen und unregelmäßigen französischen Verben in alphabetischer Folge aufgeführt. Zusätzlich sind bei einigen Verben die zugehörigen Präpositionen angegeben, deren korrekte Verwendung gerade dem deutschen Benutzer immer wieder Schwierigkeiten bereitet.

Die Zahlen verweisen auf die Konjugationsnummern der in diesem Buch beispielhaft konjugierten Verben. Diese Musterverben sind blau hervorgehoben. Unvollständige Verben, deren Konjugation Sie auf den Seiten 178 – 182 finden, sind durch déf. (défectif) bezeichnet. Verben, deren zusammengesetzte Zeiten mit dem Hilfsverb être gebildet werden, sind durch ein blaues Sternchen (*) gekennzeichnet, Verben mit wechselndem Gebrauch von avoir und être sind mit einem schwarzen Sternchen (*) markiert.

Werden Verben auch reflexiv verwendet, ist dies mit dem Pronomen se bzw. s' angegeben. In diesen Fällen werden die zusammengesetzten Formen stets mit être gebildet.

Verwendete Abkürzungen:

⊖ = fehlt
qc = quelque chose *(etwas)*
qn = quelqu'un *(jemand)*
cond. = conditionnel
fut. = futur simple
imp. = imparfait
subj. = subjonctif
prés. = présent
p.p. = participe passé
p.p. inv. = participe passé invariable *(unveränderliches Partizip)*
p.s. = passé simple

A

abattre (s'... sur) *(niederschlagen, töten, fallen)* 24
abolir *(abschaffen, außer Kraft setzen)* 17
aboutir *p.p. inv. (führen zu)* . 17
aboyer *(bellen, brüllen)* 15
abréger *(ver-, abkürzen)* 7 + 12
abroger *(abschaffen, aufheben)* 7
abrutir *(verdummen)* 17
absoudre *(lossprechen)* 18
abstenir (s'... de) *(verzichten auf)* 71
abstraire *(abstrahieren)* 68
abuser *(missbrauchen, übertreiben)* 3
accéder *(gelangen zu)* 12
accélérer *(beschleunigen)* 12
accomplir *(vollenden, ausführen)* 17
accourir* *(herbeilaufen)* 30
accroître *(vergrößern)* 19
accroupir (s') *(in die Hocke gehen)* 17
accueillir *(empfangen)* 35
acérer *(schärfen)* 12
acheter *(kaufen)* 11
achever *(vollenden)* 11
acquérir *(erwerben)* 20
acquiescer *(zustimmen)* 6
adhérer *p.p. inv. (haften)* ... 12
adjoindre *(hinzufügen)* 45
adjuger *(zusprechen, -erkennen)* 7
admettre *(anerkennen)* 47
adoucir *(versüßen)* 17
advenir* *(geschehen)* 71
aérer (s') *(lüften, an die frische Luft gehen)* .. 12
affaiblir (s') *(schwächen, schwächer werden)* 17
affermir *(festigen)* 17
afficher *(aufhängen, anzeigen)* 3
affilier à (s'... à) *(angliedern, sich anschließen)* 4
affirmer *(behaupten)* 3
affliger (s'... de) *(betrüben, bekümmern)* 7
affranchir *(freimachen, befreien)* 17
affréter *(mieten)* 12
agacer *(necken, reizen)* 6
agencer *(anordnen, einrichten)* 6
agenouiller (s') *(knien, sich hinknien)* 3
agglomérer *(zusammendrängen, häufen)* 12
agir (s'agir de: *p.p. inv.*) *(handeln, tätig sein)* 17
agiter *(schütteln, bewegen)* .. 3
agrandir (s') *(vergrößern, sich vergrößern)* 17
agréer *(bewilligen, annehmen, stattgeben)* 5
aguerrir *(abhärten)* 17
ahurir *(verblüffen)* 17
aigrir *(sauer werden)* 17
aiguiser *(schärfen, anregen)* .. 3
aimer *(mögen, lieben)* 3
ajouter *(hinzufügen)* 3
aliéner *(veräußern)* 12
allécher *(anlocken)* 12
alléger *(erleichtern)* .... 7 + 12
alléguer *(behaupten)* 12

aller* *(gehen)* 21
allier* qc à/avec qc *(vereinigen, verbinden, sich verbinden)* 4
allonger (s') *(verlängern, länger werden)* 7
allumer *(anzünden, einschalten)* 3
alourdir *(schwer, -er machen)* 17
altérer *(beeinträchtigen, verändern)* 12
alunir* *(auf dem Mond landen)* 17
amaigrir *(abmagern)* 17
aménager *(einrichten)* 7
amener *(mitbringen, -führen)* 11
amerrir* *p.p. inv. (wassern)* 17
amincir *(dünner machen)* 17
amnistier *(begnadigen)* 4
amoindrir *(vermindern)* 17
amollir *(weich machen)* 17
amonceler (s') *(aufhäufen, -türmen, sich türmen)* 8
amorcer *(scharf machen, ködern)* 6
amortir *(abschwächen)* 17
amplifier *(vergrößern, verstärken)* 4
amuser (s') *(unterhalten, amüsieren, sich amüsieren)* 3
anéantir *(vernichten)* 17
anémier *(blutarm werden lassen)* 4
anesthésier *(betäuben)* 4
animer (s') *(leiten, beleben, sich beleben)* 3
annoncer *(ankündigen)* 6
anoblir *(adeln)* 17
apaiser (s') *(beruhigen, nachlassen)* 3
apercevoir (s'... de) *(bemerken, wahrnehmen)* 60
apitoyer (s'... sur) *(Mitleid erregen, bemitleiden)* 15
aplanir *(einebnen)* 17
aplatir *(abflachen)* 17
apparaître* *(erscheinen, auftreten)* 28
apparier *(paaren)* 4
appartenir *(gehören, zustehen)* 71
appauvrir (s') *(arm machen, verarmen)* 17
appeler *(rufen)* 8
appesantir (s'... sur) *(schwerfällig machen, werden)* 17
applaudir qn *(jdm. Beifall klatschen)* 17
appliquer *(anwenden)* 3
apprécier *(wert-, schätzen)* 4
apprendre *(lernen)* 58
approcher (s'... de) *(näher kommen, sich nähern)* 3
approfondir *(vertiefen)* 17
approprier (s') *(anpassen, sich anpassen)* 4
approuver *(bejahen, zustimmen)* 3
appuyer *(drücken)* 14
argenter *(versilbern)* 3
armer *(bewaffnen)* 3
arracher *(aus-, abreißen)* 3
arranger *(anordnen, einrichten)* 7
arrêter (s') *(aufhören, stehen bleiben)* 3
arriver *(ankommen)* 3
arroger* (s') *(anmaßen, sich anmaßen)* 7
arrondir *(abrunden)* 17
arroser *(gießen, feiern)* 3
asperger (s') *(besprengen, benetzen, sich benetzen)* 7
asphyxier *(die Luft abschnüren)* 4
assagir *(ruhiger machen)* 17
assaillir *(angreifen)* 22
assainir *(gesund machen)* 17
assassiner *(ermorden)* 3
assécher *(trocknen)* 12
assembler *(zusammensetzen, -stellen)* 3
assener *(einen Schlag versetzen)* 11
asséner *(siehe* assener*)* 12
asseoir (s'...) *(setzen, sich setzen)* 23
asservir *(unterdrücken)* 17
assiéger *(belagern)* 7 + 12
assister *(qn/à qc) (helfen, dabei sein)* 3
associer *(verbinden)* 4
assombrir *(verdunkeln, missmutig machen)* 17
assortir *(zusammenstellen)* 17
assoupir (s') *(einschläfern, eindösen)* 17
assouplir *(geschmeidig machen)* 17
assourdir *(betäuben)* 17
assouvir *((Hunger, Durst) stillen)* 17
assujettir *(unterwerfen)* 17
assurer *(versichern)* 3
astreindre *(nötigen, zwingen)* 53
atrophier (s') *(schwächen, schwinden)* 4
attacher *(anbinden, befestigen)* 3
attaquer *(angreifen)* 3
atteindre *(erreichen, treffen)* 53
atteler *(anspannen, anschirren)* 8
attendre (s'... à) *(er-, warten)* 61
attendrir *(weich machen)* 17
atterrir* *p.p. inv. (landen)* 17
attirer *(anziehen)* 3
attraper *(fangen)* 3
attribuer *(geben, verteilen)* 3
attrister *(traurig machen)* 3
augmenter *(erhöhen, steigern)* 3
authentifier *(beglaubigen)* 4
autofinancer (s') *((sich) mit eigenen Mitteln finanzieren)* 6
autopsier *(eine Leiche öffnen)* 4
autoriser *(erlauben)* 3
avaler *(schlucken)* 3
avancer (s') *(vorrücken, vorankommen)* 6
avantager *(bevorzugen, begünstigen)* 7
avarier *(beschädigen)* 4
avérer (s') *((sich) als wahr herausstellen)* 12
avertir *(warnen, benachrichtigen)* 17
aviser *(benachrichtigen)* 3
avoir *(haben)* 1
avouer *(gestehen, zugeben)* 3

B

C

D

dactylographier *(mit der Schreibmaschine schreiben)* . 4
daigner *(es für nötig halten)* .. 3
danser *(tanzen)* 3
débarquer *(an Land gehen)* ... 3
débarrasser (se ... de) *(frei machen, abräumen, sich befreien)* 3
débattre *(diskutieren, debattieren)* 24
déblatérer *p.p. inv.* *(wettern)* 12
déblayer *(aufräumen, freilegen)* 13
déborder *(überlaufen)* 3
déboucher *(münden, entkorken)* 3
débrayer *p.p. inv.* *(auskuppeln)* 13
décacheter *(entsiegeln)* 9
décalcifier *(entkalken)* 4
décéder* *(verenden, sterben)* 12
déceler *(entdecken, enthüllen)* 10
décélérer *p.p. inv.* *(verlangsamen)* 12
décevoir *(enttäuschen)* 60
décharger *(ausladen)* 7
déchiqueter *(zerstückeln, zerschneiden)* 9
déchirer *(zerreißen)* 3
déchoir* *(verfallen, tief sinken)* .... déf.
décider (se) *(entscheiden, sich entschließen)* 3
déclarer *(erklären)* 3
déclore *wie* clore, *nur p.p.* *(öffnen, die Umzäunung entfernen)* .... déf.
décolérer *p.p. inv.* *(sich beruhigen)* 12
décongeler *(auftauen)* 10
déconsidérer *(in Misskredit / Verruf bringen)* 12
décontenancer *(außer Fassung bringen)* 6
décorer *(dekorieren, schmücken)* 3
découdre *(auftrennen)* 29
découper *((auseinander) schneiden)* 3
décourager *(entmutigen)* 7
découvrir *(entdecken, enthüllen)* 31
décrépir *(den Putz abkratzen)* 17
décréter *(verordnen, verfügen)* 12
décrier *(in Verruf bringen)* 4
décrire *(beschreiben)* 39
décroître* *p.p. inv.* *(abnehmen, kürzer werden)* 19
dédicacer *((Buch) widmen)* ... 6
dédier *(weihen, widmen)* 4
dédire (se), *prés.*: (vous vous) dédisez *(das Gesagte zurücknehmen)* 37
dédommager *(entschädigen)* .. 7
déduire *(ableiten, folgern)* .. 27
défaillir *p.p. inv.* *(in Ohnmacht fallen, schwächer werden)* .. 22
défaire *(aufmachen)* 41
défendre *(verteidigen)* 61
déférer à *(zuerkennen, beipflichten)* 12
déficeler *(aufschnüren)* 8
défier *(herausfordern, trotzen)* 4
définir *(definieren)* 17
défleurir *(verwelken, -blühen)* 17
défoncer *(einschlagen, beschädigen)* 6
défrayer *(freihalten, den Unterhalt bestreiten)* .. 13
défroncer *(glatt ziehen)* 6
dégager *(losmachen, befreien)* 7
dégarnir *(wegräumen, entblößen)* 17
dégeler* *(auf-, tauen)* 10
dégénérer* *p.p. inv.* *(entarten)* 12
déglutir *(ver-, schlucken)* 17
dégorger *(sich entleeren, reinigen)* 7
dégourdir *(wieder beweglich machen)* 17
dégoûter *(ekeln)* 3
dégrever *(steuerlich entlasten)* 11
dégrossir *(grob bearbeiten)* .. 17
déguerpir *p.p. inv.* *(sich aus dem Staub machen)* 17
déguiser (se ... en) *(verkleiden, sich verkleiden als)* 3
déifier *(zum Gott erheben)* ... 4
déjeter *(verformen, umknicken)* 9
déjeuner *(zu Mittag essen)* ... 3
délayer *(verdünnen, auflösen)* 13
déléguer *(delegieren, übertragen)* 12
délibérer *p.p. inv.* *(beraten)* . 12
délier *(auf-, entbinden)* 4
délivrer *(befreien)* 3
déloger *(aus-, umziehen)* 7
demander *(fragen)* 3
démanger *(jucken)* 7
démanteler *(zerstören)* 10
déménager* *p.p. inv.* *(aus-, umziehen)* 7
démener (se) *(herumtoben)* . 11
démentir *(widersprechen, widerlegen)* 52
démettre *(aus-, verrenken)* .. 47
demeurer *(bleiben)* 3
démolir *(zerstören)* 17
démordre de *p.p. inv.* *(beharren auf)* 61
démunir *(wegnehmen, mittellos machen)* 17
dénazifier *(entnazifizieren)* ... 4
dénier *(abstreiten, leugnen)* .. 4
déniveler *(uneben machen)* ... 8
dénoncer *(anzeigen, denunzieren)* 6
départager *(den Ausschlag geben)* 7
départir (se ... de) *(zuweisen, aufgeben)* 52
dépasser *(überholen, überragen)* 3
dépecer *(zerstückeln)* ....6 + 11
dépêcher (se) *(sich beeilen)* .. 3
dépeindre *(schildern, darstellen)* 53
dépendre de *(abhängen von)* 61
dépenser *(ausgeben)* 3
dépérir *p.p. inv.* *(schwächer werden, verkümmern)* 17
déplacer *(versetzen, umstellen)* 6
déplaire *(missfallen)* 54
déplier *(auseinander falten)* .. 4
déployer *(ausbreiten, entfalten)* 15

dépolir *(abschleifen)* … 17
déposer *(abstellen, stellen)* … 3
déposséder *(enteignen)* … 12
dépouiller *(abziehen, durchsehen)* … 3
dépoussiérer *(entstauben)* … 12
déprécier *(herabsetzen, an Wert mindern)* … 4
déprendre (se … de) *(sich losmachen von)* … 58
dépuceler *(entjungfern)* … 8
déranger *(stören)* … 7
dérégler (se) *(in Unordnung bringen, schlecht funktionieren)* … 12
dérober *(stehlen, rauben)* … 3
déroger à *p.p. inv.* *(zuwiderhandeln)* … 7
dérouler (se) *(ab-, ausrollen, sich ereignen, passieren)* … 3
désagréger *(zersetzen, auflösen)* … 7 + 12
désaltérer (se) *(den/seinen Durst löschen)* … 12
désamorcer *(entschärfen)* … 6
désapprendre *(verlernen)* … 58
désavantager *(benachteiligen)* 7
descendre* *(hinuntergehen, -fahren, aussteigen)* … 61
désensorceler *(entzaubern)* … 8
désespérer *(verzweifeln)* … 12
déshabiller (se) *((sich) ausziehen)* … 3
désigner *(bezeichnen)* … 3
désintégrer *(spalten, zersetzen)* … 12
désirer *(wünschen)* … 3
désobéir *p.p. inv., passif:* elle a été désobéie *(nicht gehorchen)* … 17
désoler *(leidtun)* … 3
dessécher *(aus-, trocknen, abmagern)* … 12
desservir *((Tisch) abdecken, regelmäßig (an)fahren)* … 65
dessiner *(zeichnen, malen)* … 3
destituer *(absetzen, entheben)* 3
désunir *(entzweien, trennen)* 17
détacher (se) *((sich) lösen, losreißen, Flecken entfernen aus)* … 3
déteindre *(entfärben)* … 53
dételer *(ab-, ausspannen)* … 8
détendre (se) *(entspannen, sich entspannen)* … 61
détenir *(festhalten, besitzen)* 71
déterminer *(bestimmen)* … 3
détester *(hassen, verabscheuen)* 3
détordre *(auf-, auseinander drehen)* … 61
détourner *(umleiten, entführen, unterschlagen)* … 3
détruire *(zerstören)* … 27
devancer qn/qc *(zuvorkommen, übertreffen)* … 6
développer *(entwickeln)* … 3
devenir* *(werden)* … 71
dévêtir (se) *(ausziehen, sich entkleiden)* … 72
dévier *(abweichen, -lenken)* … 4
deviner *(er-, raten)* … 3
dévisager *(anstarren)* … 7
devoir *(müssen)* … 36
dévorer *(verschlingen)* … 3
dévouer (se) *(widmen, sich aufopfern)* … 3
dévoyer *(vom Weg abbringen)* . 15
dicter *(diktieren)* … 3
différencier *(unterscheiden)* … 4
différer *(abweichen)* … 12
digérer *(verdauen)* … 12
diminuer *(nachlassen, vermindern, reduzieren)* … 3
dîner *(zu Abend essen)* … 3
dire *(sagen)* … 37
diriger *(führen, leiten)* … 7
disconvenir* de *p.p. inv.* *(nicht zugeben)* … 71
discourir *(lange Reden halten)* 30
discuter *(diskutieren, besprechen)* … 3
disgracier *(in Ungnade bringen)* 4
disjoindre *(auseinander nehmen)* … 45
disparaître* *(verschwinden, sterben)* … 28
disperser *(verstreuen)* … 3
disposer (de) *(anordnen, verfügen (über))* … 3
disputer (se) *(streitig machen, sich streiten)* … 3
disqualifier *(disqualifizieren)* . 4
disséquer *(sezieren)* … 12
dissiper *(vergeuden, verschwenden)* … 3
dissocier *(trennen, lösen, spalten)* … 4
dissoudre (se) *((sich) auflösen)* … 18
distancer *(distanzieren, abschütteln)* … 6
distancier *(verfremden)* … 4
distendre *(stark ausdehnen)* . 61
distinguer *(unterscheiden)* … 3
distraire (se) *(abziehen, beiseite schaffen, sich zerstreuen)* … 68
diverger *(abweichen)* … 7
diversifier *(abwechslungsreich gestalten)* … 4
divertir (se) *(unterhalten, ablenken, sich amüsieren)* … 17
diviser *(teilen)* … 3
divorcer* *p.p. inv.* *(sich scheiden lassen)* … 6
domicilier *(ansiedeln)* … 4
dominer *(dominieren, überragen)* … 3
donner *(geben)* … 3
dorer *(vergolden)* … 3
dormir *p.p. inv.* *(schlafen)* … 38
doubler *(verdoppeln, überholen)* 3
douter de (se) *(zweifeln an, vermuten)* … 3
dresser (se) *(aufstellen, errichten, sich erheben)* … 3
durcir *(hart machen, werden)* 17
durer *(dauern)* … 3

E

ébattre* (s') *(herumtollen)* … 24
éblouir *(blenden, betören)* … 17
ébranler (s') *(erschüttern, sich in Bewegung setzen)* … 3
écarteler *(vierteilen)* … 10

écarter *(spreizen, entfernen)* 3
écerveler *(gedankenlos, leichtsinnig handeln)* 8
échanger *(austauschen)* 7
échapper (s') *(entkommen, ausbrechen)* 3
écheveler *((Haar) zerzausen)* 8
échoir *(ablaufen, fällig werden)* déf.
échouer *(scheitern)* 3
éclaircir *(aufhellen)* 17
éclairer *(beleuchten, aufklären)* 3
éclater *(zerspringen, platzen, knallen)* 3
éclore* *(aufblühen, ausschlüpfen)* déf.
éconduire *(abweisen)* 27
écorcer *(entrinden, abschälen)* 6
écouler (s') *(verkaufen, abfließen)* 3
écouter *(zu-, hören)* 3
écraser *(zerdrücken, zermalmen)* 3
écrémer *(absahnen)* 12
écrier (s') *(schreien, ausrufen)* 4
écrire *(schreiben)* 39
édifier *(erbauen, aufrichten)* 4
effacer (s') *(aus-, löschen, verblassen)* 6
effectuer *(ausführen)* 3
efforcer (s'... de) *(sich bemühen)* 6
effranger (s') *(ausfransen)* 7
effrayer (s'... de) *((sich) erschrecken)* 13
égarer (s') *(verlegen, verirren)* 3
égayer *(aufheitern, ermuntern)* 13
égorger *(die Kehle durchschneiden)* 7
égrener *(entkernen)* 11
élancer (s') *(sich stürzen)* 6
élargir *(vergrößern, -breitern)* 17
électrifier *(elektrifizieren)* 4
élever *(erheben, steigern, aufziehen)* 11
élire *(wählen)* 46
éloigner (s') *(fern halten, abhalten, sich entfernen)* 3
embellir* (s') *(schöner werden)* 17
emboutir *(eindrücken, -beulen)* 17
embrasser *(küssen)* 3
embrayer *(einkuppeln, schalten)* 13
émécher *(beschwipst machen)* 12
émerger *p.p. inv.* *(auftauchen)* 7
émettre *(ausstrahlen, ausgeben)* 47
émigrer *(auswandern)* 3
émincer *(in dünne Scheiben schneiden)* 6
emménager *((in eine Wohnung) einziehen)* 7
emmener *(mitnehmen)* 11
émoudre *(schleifen, schärfen)* 48
émouvoir (s'... de) *p.p.:* ému *(bewegen, sich aufregen)* 50
empaqueter *(verpacken)* 9
emparer (s'... de) *(sich schnappen)* 3
empiéter sur *(sich erstrecken auf)* 12
emplir *(anfüllen, voll laufen)* 17
employer *(gebrauchen, beschäftigen)* 15
emporter *(mitnehmen)* 3
empreindre (s'... de) *(ein-, aufdrücken, geprägt sein von)* 53
empresser (s') *(sich beeilen)* 3
emprunter *(ausleihen, sich leihen)* 3
émulsifier *(emulgieren)* 4
encadrer *(einrahmen, betreuen)* 3
enceindre *(um-, einschließen)* 53
enchérir sur *(überbieten)* 17
enclore *wie* clore, *prés.:* il enclot *(umzäunen, umgeben)* déf.
encourager *(ermutigen)* 7
encourir *(sich zuziehen)* 30
endommager *(beschädigen)* 7
endormir (s') *(einschläfern, einschlafen)* 38
enduire (s') *(bestreichen, (sich) einreiben)* 27
endurcir (s') *(abhärten, hart werden)* 17
énerver (s') *(auf die Nerven gehen, sich aufregen)* 3
enfermer *(einschließen)* 3
enfoncer (s') *(sinken, sich versenken, eindringen)* 6
enfouir (s') *(vergraben, verstecken, sich verkriechen)* 17
enfreindre *(zuwiderhandeln)* 53
enfuir (s') *(flüchten)* 43
engager (s') *(verpflichten, sich verpflichten)* 7
engloutir *(verschlingen)* 17
engorger *(verstopfen)* 7
engourdir (s') *(klamm machen, einschlafen)* 17
enhardir (s') *(ermutigen, mutiger werden)* 17
enjoindre *(anweisen, befehlen)* 45
enlacer *(verflechten)* 6
enlaidir *(hässlich werden, verunstalten)* 17
enlever *(mitnehmen, entfernen)* 11
ennoblir *(adeln, auszeichnen)* 17
ennuyer *(langweilen, stören, sich langweiligen)* 14
énoncer *(aussprechen, ausdrücken)* 6
enorgueillir (s'... de) *(stolz sein auf)* 17
enquérir (s'... de) *(sich erkundigen nach)* 20
enrager *p.p. inv.* *(wütend werden)* 7
enrayer *(bremsen)* 13
enregistrer *(aufnehmen, speichern)* 3
enrichir (s') *(reich(er) machen, sich bereichern)* 17
enseigner *(unterrichten, be-, lehren)* 3
ensemencer *(aussäen)* 6
ensevelir *(begraben, verschütten)* 17
ensorceler *(bezaubern, verhexen)* 8
ensuivre (s') *(sich ergeben)* déf.

entendre (s') *(hören, (sich) verstehen, sich einigen)* 61
enterrer *(beerdigen)* 3
entourer *(umgeben)* 3
entrapercevoir *(flüchtig wahrnehmen)* 60
entrelacer (s') *(ineinander schlingen, sich verschlingen)* 6
entremettre (s') *(vermittelnd eingreifen)* 47
entreprendre *(unternehmen)* 58
entrer *(eintreten, eingeben)* 3
entretenir (s'… de) *(erhalten, sich unterhalten)* 71
entrevoir *(flüchtig sehen, ahnen)* 74
entrouvrir *(halb öffnen)* 31
énumérer *(aufzählen)* 12
envahir *(überfallen)* 17
envelopper *(einpacken, umwickeln)* 3
envier *(beneiden)* 4
envisager *(betrachten, ins Auge fassen)* 7
envoyer *(schicken)* 16
épaissir *(dicker werden, verstärken)* 17
épandre *(aus-, streuen)* 61
épanouir (s') *(ausbreiten, aufblühen, sich entfalten)* 17
épargner *(sparen, schonen)* 3
épeler *(buchstabieren)* 8
épicer *(würzen)* 6
épier *(genau beobachten)* 4
éponger *(ab-, aufwischen)* 7
épouser *(heiraten)* 3
épousseter *(abstauben, ausklopfen)* 9
éprendre (s'… de qn) *(sich in jdn. verlieben)* 58
éprouver *(empfinden, anstrengen)* 3
épuiser (s') *(erschöpfen, zu Ende gehen)* 3
équivaloir à *p.p. inv.* *(entsprechen)* 70
ériger *(errichten)* 7
errer *(umherirren)* 3
espacer *(Platz lassen, auseinanderrücken)* 6
espérer *(hoffen, erwarten)* 12
essayer *(versuchen)* 13
essuyer *(abtrocknen, abwischen)* 14
estimer *(schätzen, mögen)* 3
estropier *(verstümmeln)* 4
établir (s') *(einrichten, sich niederlassen)* 17
étager *(stufenförmig anlegen)* 7
étaler *(ausbreiten)* 3
étayer *(ab-, stützen)* 13
éteindre (s') *(löschen, erlöschen)* 53
étendre (s') *(ausstrecken, (sich) ausbreiten)* 61
étinceler *p.p. inv.* *(funkeln, glitzern)* 8
étiqueter *(mit einem Etikett versehen)* 9
étonner (s'… de) *(erstaunen, sich wundern)* 3
étouffer (s') *(ersticken)* 3
étourdir *(betäuben)* 17
être *p.p. inv.* *(sein)* 2
étreindre *(in die Arme schließen)* 53
étudier *(studieren)* 4
évanouir (s') *(ohnmächtig werden)* 17
éveiller (s') *(erregen, wecken, erwachen)* 3
évincer *(enteignen)* 6
éviter *(vermeiden)* 3
évoluer *(sich entwickeln)* 3
exagérer *(übertreiben)* 12
examiner *(untersuchen)* 3
exaspérer *(aus der Fassung bringen)* 12
exaucer *((Gebet) erhören)* 6
excéder *(überschreiten)* 12
exciter *(er-, aufregen)* 3
exclure *(ausschließen)* 40
excommunier *(exkommunizieren)* 4
excuser (s') *(entschuldigen, sich entschuldigen)* 3
exécuter *(aus-, durchführen, hinrichten)* 3
exercer (s'… à) *(schulen, ausüben, üben)* 6
exiger *(fordern)* 7
exister *(leben, existieren)* 3
exonérer *((von Gebühren/Steuern) befreien)* 12
expatrier (s') *(ausbürgern, auswandern)* 4
expédier *(versenden, rasch erledigen)* 4
expier *(sühnen)* 4
expirer* *(ablaufen)* 3
expliquer *(erklären)* 3
exposer *(ausstellen, darlegen)* 3
exprimer *(ausdrücken)* 3
exproprier *(enteignen)* 4
expurger *(zensieren)* 7
extasier *(s'… devant/sur)* *(in Ekstase geraten)* 4
extraire ⊖ *p.s.*, ⊖ *subj. imp.* *(herausziehen)* 68
exulcérer *(mit Geschwüren bedecken)* 12

F

fabriquer *(herstellen, bauen)* 3
fâcher *(verärgern, wütend machen)* 3
faiblir *p.p. inv.* *(schwächer werden)* 17
faillir *p.p. inv.* *(beinahe etw. tun)* déf.
faire *(machen)* 41
falloir *(müssen, sollen)* 42
falsifier *(verfälschen, panschen)* 4
farcir *(füllen, spicken)* 17
fatiguer *(ermüden, anstrengen)* 3
faucher *(mähen, erfassen, klauen)* 3
fédérer *(verbünden)* 12
feindre *(heucheln)* 53
féliciter *(gratulieren)* 3
fendre *(spalten)* 61
fermer *(schließen, zumachen)* 3
festoyer *p.p. inv.* *(schlemmen)* 15

feuilleter *(durchblättern)* 9
fiancer (se) *(sich verloben)* ... 6
ficeler *(zuschnüren)* 8
fier (se) *(ver-, trauen)* 4
figer *(fest werden lassen, erstarren lassen)* 7
fileter *(mit Gewinde versehen)* 11
financer *(finanzieren)* 6
finir *(beenden)* 17
fixer *(befestigen, festlegen)* .. 3
flamber *(brennen, flambieren)* 3
flamboyer *p.p. inv. (auf-, lodern, aufblitzen)* .. 15
flatter *(schmeicheln)* 3
fléchir *(nachgeben, biegen)* . 17
flétrir (se) *(ver-, welken)* 17
fleurir *(blühen)* 17
flotter *(schwimmen, schweben)* 3
foncer *(dunkler werden)* 6
fonder (se) *(gründen, sich stützen auf)* 3
fondre (se) *(ver-, schmelzen)* 61
forcer (se) *(anstrengen, sich anstrengen)* 6
forcir *(zunehmen)* 17
forger *(schmieden)* 7
former *(bilden)* 3
fortifier *(befestigen, verstärken)* 4
fossoyer *(ein Grab schaufeln)* 15
foudroyer *((Blitz) tödlich treffen)* 15
fouetter *(peitschen, schlagen)* 3
fouiller *(absuchen, graben)* ... 3
fouler (se ... qc) *(sich etw. verstauchen)* 3
fourbir *(polieren)* 17
fournir *(be-, liefern)* 17
fourrer *(stopfen, füllen)* 3
fourvoyer (se) *(sich verirren)* 15
fraîchir *p.p. inv. (auffrischen)* 17
franchir *(überschreiten)* 17
frapper *(schlagen, klopfen)* ... 3
frayer *(bahnen, laichen)* 13
frémir *p.p. inv. (erschauern zittern)* 17
fréquenter *(besuchen)* 3
fréter *(mieten, verchartern)* .. 12
frigorifier *(einfrieren)* 4
frire *(braten)* .... déf.
frissonner *(schaudern, frösteln)* 3
froncer *(runzeln)* 6
frotter *(reiben, einreiben)* 3
fructifier *(ertragreich sein, hervorbringen)* 4
fuir *(fliehen, flüchten)* 43
fumer *(rauchen)* 3
fureter *(herumschnüffeln)* ... 11
fuser *((hervor)sprudeln, sprühen)* 3
fusiller *(erschießen)* 3

G

gâcher *(verderben, vermasseln)* 3
gager *(verpfänden)* 7
gagner *(gewinnen, verdienen)* . 3
galoper *(galoppieren)* 3
gamberger *(grübeln, nachdenken)* 7
gangrener *(brandig werden)* . 11
gangréner *(siehe* gangrener*)* . 12
garder *(hüten, behalten, aufbewahren)* 3
garnir *(schmücken, ausstatten)* 17
gaver *(stopfen)* 3
gazéifier *(vergasen, mit Kohlensäure versetzen)* .. 4
geindre *p.p. inv. (stöhnen, jammern)* 53
geler (se) *(frieren, zufrieren, gefrieren)* 10
gélifier (se) *(gelieren)* 4
gémir *p.p. inv. (stöhnen)* 17
gêner *(stören, behindern)* 3
générer *(erzeugen)* 12
gercer *(rissig werden)* 6
gérer *(führen, verwalten)* 12
gésir *(liegen, ruhen)* ...... déf.
glacer *(erstarren, gefrieren lassen)* 6
glapir *p.p. inv. (bellen, kläffen)* 17
glisser *(gleiten, rutschen)* 3
glorifier *(verherrlichen)* 4
gonfler *(aufblasen, anschwellen)* 3
gorger *(überfüttern)* 7
goûter *(schmecken, probieren)* 3
gouverner *(regieren)* 3
gracier *(begnadigen)* 4
grandir* *(wachsen)* 17
gratifier *(zuteil werden lassen)* 4
gratter *(kratzen, jucken)* 3
graver *(einritzen, eingravieren)* 3
gravir *(erklimmen)* 17
gréer *(auftakeln)* 5
grelotter *((vor Kälte) zittern)* . 3
grener *(körnen, zermahlen)* .. 11
grever *(belasten)* 11
grillager *(vergittern)* 7
griller *(grillen)* 3
grimacer *p.p. inv. (Grimassen schneiden)* 6
grimper *(klettern)* 3
grincer *p.p. inv. (knarren, quietschen)* 6
grogner *(grunzen, murren)* ... 3
grommeler *(murren)* 8
gronder *(aus-, schimpfen, donnern)* 3
grossir* *(zunehmen, vergrößern)* 17
grouper *(gruppieren)* 3
guérir *(genesen, heilen)* 17
guerroyer *p.p. inv. (Krieg führen)* 15
guetter *(auf-, belauern)* 3
guider *(führen, leiten)* 3

H

habiller (s') *(anziehen, sich anziehen)* 3
habiter *(wohnen)* 3
habituer (s'... à) *(gewöhnen, sich gewöhnen an)* 3
haïr *(hassen)* 44
haleter *p.p. inv. (keuchen, schnaufen)* 11
harceler *(bedrängen, beunruhigen)* 10
hâter (se) *(sich beeilen)* 3
hausser *(erhöhen, heben)* 3
héberger *(beherbergen)* 7
héler *(herbeirufen)* 12

libérer (se ... de) *(frei lassen, befreien, sich frei machen)* . 12
licencier *(entlassen)* 4
lier *(zusammen-, verbinden)* .. 4
limer *(feilen)* 3
limoger *(ausbooten)* 7
liquéfier *(verflüssigen)* 4
lire *(lesen)* 46
livrer *(liefern)* 3
loger *(wohnen, unterbringen)* . 7
longer *(entlanggehen, -fahren)* 7
lotir *(parzellieren)* 17
louanger *(loben)* 7
loucher *(schielen)* 3
louer *(mieten, vermieten, loben)* 3
louvoyer *p.p. inv. (geschickt lavieren, (Segelboot) kreuzen)* 15
lubrifier *(schmieren, einölen)* . 4
luire *p.p. inv.*: lui *(leuchten)* . 27
lutter *(kämpfen)* 3

M

macérer *(eingelegt sein, einlegen)* 12
mâcher *(kauen)* 3
magnifier *(rühmen, preisen)* .. 4
maigrir* *(abnehmen)* 17
maintenir (se) *(halten, aufrechterhalten, fortbestehen)* 71
malmener *(schlecht behandeln)* 11
manger *(essen)* 7
manier *(handhaben)* 4
manifester (se) *(äußern, demonstrieren, auftreten)* ... 3
manigancer *(anzetteln, einfädeln)* 6
manquer *(verpassen, ver-, fehlen)* 3
marier (se ... avec) *(trauen, ver-, heiraten)* 4
marquer *(markieren, kennzeichnen, beeindrucken)* 3
marteler *(hämmern)* 10
mater *(an-, gaffen)* 3
maudire *p.p.*: maudit(e) *(verfluchen)* 17
maugréer *(fluchen, be-, schimpfen)* 5

méconnaître *(verkennen)* 28
médire *prés.*: (vous) médisez, *p.p. inv. (verleumden)* 37
méfier (se ... de) *(sich in Acht nehmen, misstrauen)* 4
mélanger *(ver-, mischen)* 7
mêler *(ver-, mischen)* 3
menacer qn de qc *(be-, drohen)* 6
ménager *(sparsam umgehen, schonen)* 7
mendier *(betteln)* 4
mener *(führen, bringen)* 11
mentir à qn *p.p. inv. (an-, lügen)* 52
méprendre (se ... sur) *(sich täuschen in)* 58
mépriser *(verachten)* 3
mériter *(verdienen, wert sein)* 3
mésallier (se) *(unter seinem Stand heiraten)* 4
mesurer *(messen)* 3
métrer *(ver-, abmessen)* 12
mettre *(setzen, stellen, legen)* 47
meurtrir *(zerquetschen)* 17
mincir *(dünn werden)* 17
mitiger *(mildern, mäßigen)* ... 7
modeler *(modellieren, formen)* 10
modérer *(mäßigen)* 12
modifier *(ändern)* 4
moisir *(schimmeln)* 17
moissonner *(ernten)* 3
mollir *(nachlassen, schwächer werden)* 17
momifier *(mumifizieren)* 4
monnayer *(prägen, zu Geld machen)* 13
monter* *(hinauf-, an-, einsteigen, hinaufbringen)* .. 3
montrer *(zeigen)* 3
moquer (se ... de) *(sich lustig machen über)* ... 3
morceler *(zerstückeln)* 8
mordre *(beißen, stechen)* 61
morfondre (se) *(vor Langeweile vergehen)* . 61
mortifier *(demütigen)* 4
moudre *(mahlen)* 48

mouiller *(nass machen)* 3
mourir* *(sterben)* 49
mouvoir (se) *(bewegen, sich bewegen)* 50
mugir *p.p. inv. (muhen, (Meer) brausen)* 17
multiplier (se) *(multiplizieren, vervielfachen, sich vermehren)* 4
munir de (se ... de) *(ausstatten, mitnehmen)* .. 17
mûrir *(reifen, reifen lassen)* . 17
murmurer *(murmeln)* 3
museler *(einen Maulkorb anlegen)* 8
mystifier *(hinters Licht führen)* 4
mythifier *(verherrlichen)* 4

N

nager *(schwimmen)* 7
naître* *(geboren werden)* 51
nantir *(versorgen)* 17
négliger *(vernachlässigen)* 7
négocier *(ver-, aushandeln)* .. 4
neiger *p.p. inv. (schneien)* 7
nettoyer *(reinigen)* 15
nier *(leugnen)* 4
niveler *(einebnen)* 8
noircir *(schwarz werden / machen)* 17
nommer *(nennen, ernennen)* .. 3
noter *(notieren, feststellen)* .. 3
notifier *(offiziell mitteilen)* ... 4
nouer *(knoten, binden, anknüpfen)* 3
nourrir (se) *(ernähren, füttern, sich ernähren)* 17
noyer (se) *(ertränken, ertrinken)* 15
nuancer *(differenzieren, abstufen)* 6
nuire à, *p.p.*: nui *(schaden)* . 27

O

obéir *p.p. inv., passif:* elles ont été obéies *(gehorchen)* 17
obliger (s'... à) *(zwingen, verpflichten, sich verpflichten)* 7
oblitérer *(entwerten)* 12

obscurcir *(verdunkeln)* 17
obséder *(befallen, heimsuchen)* 12
observer *(beobachten, beachten)* 3
obtempérer *p.p. inv.* *(Folge leisten)* 12
obtenir *(erhalten, erzielen)* .. 71
occlure *p.p.*: occlus *(verschließen)* 40
occuper *(beschäftigen, einnehmen, besetzen)* 3
octroyer *(bewilligen)* 15
offenser *(beleidigen, verletzen)* 3
offrir *(schenken, bieten)* 31
oindre *déf.: nur p.p.* *(salben)* 45
omettre *(aus-, unterlassen)* .. 47
opérer *(operieren, verfahren)* 12
opposer (s' ... à) *(gegenüberstellen, entgegen halten, sich widersetzen)* 3
ordonner *(befehlen)* 3
organiser *(organisieren, veranstalten)* 3
orner *(schmücken)* 3
orthographier *((richtig) schreiben)* 4
oser *(wagen)* 3
ôter *(wegnehmen, abziehen)* .. 3
oublier *(vergessen)* 4
ouïr *(hören)* .... déf.
outrager *(beleidigen)* 7
ouvrir *(öffnen)* 31
oxygéner *(mit Sauerstoff anreichern)* 12

P

pacifier *(befrieden)* 4
pagayer *(paddeln)* 13
paître *(weiden)* .... déf.
pâlir *(blass werden)* 17
pallier *(beheben, beseitigen)* . 4
paqueter *(einpacken)* 9
parachever *(vollenden)* 11
paraître* *(erscheinen)* 28
parcourir *(durchlaufen, -fahren)* 30
pardonner *(verzeihen)* 3
parfumer *(parfümieren)* 3
parier *(wetten)* 4
parler *(sprechen)* 3
parodier *(parodieren)* 4
parsemer *(bestreuen)* 11
partager *(auf-, verteilen)* 7
partir* *(weggehen, abreisen)* 52
parvenir* à *(gelangen, erreichen)* 71
passer* (se) *(vorbeigehen, vorbeifahren, geben, überqueren, sich ereignen, passieren)* 3
patauger *p.p. inv.* *(waten, planschen)* 7
pâtir de *p.p. inv.* *(leiden unter)* 17
payer *(be-, zahlen)* 13
pécher *p.p. inv.* *(sündigen)* .. 12
pêcher *(fischen, angeln)* 3
peigner (se) *(kämmen, sich kämmen)* 3
peindre *(malen)* 53
peler *(schälen)* 10
pelleter *(schaufeln)* 9
pencher (se) *((sich) neigen, sich bücken)* 3
pendre *(hängen, aufhängen)* . 61
pénétrer *(ein-, durchdringen)* 12
penser *(denken)* 3
pépier *p.p. inv.* *(piepsen)* 4
percer *(durch-, bohren, durchkommen)* 6
percevoir *(wahrnehmen)* 60
perdre *(verlieren)* 61
périr *p.p. inv.* *(umkommen)* . 17
permettre (se) *(erlauben, sich erlauben)* 47
perpétrer *((Verbrechen) begehen)* 12
persévérer dans *p.p. inv.* *(beharren)* 12
personnifier *(personifizieren)* . 4
persuader *(überzeugen)* 3
pervertir *(verderben)* 17
peser (se) *(wiegen, sich wiegen)* 11
péter *(furzen, krachen)* 12
pétrifier *(versteinern)* 4
pétrir *(kneten)* 17
peupler *(bevölkern)* 3
photocopier *(fotokopieren)* ... 4
photographier *(fotografieren)* . 4
piéger *(mit einer Falle fangen)* .... 7 + 12
piger *(kapieren)* 7
pincer (se) *(kneifen, sich kneifen)* 6
piocher *(büffeln, ziehen)* 3
piquer *(stechen, pieksen)* 3
piqueter *(abstecken)* 9
placer (se) *(stellen, legen, sich hinsetzen, -stellen)* 6
plagier *(plagiieren)* 4
plaider *(plädieren, prozessieren)* 3
plaindre (se) *(bedauern, sich beklagen)* 32
plaire (se) *p.p. inv.* *(gefallen, sich mögen, sich wohl fühlen)* 54
plaisanter *(scherzen)* 3
planer *(schweben, gleiten)* ... 3
planifier *(planen)* 4
planter *(pflanzen)* 3
pleurer *(weinen)* 3
pleuvoir *p.p. inv.* *(regnen)* ... 55
plier *(biegen, falten)* 4
plonger *(tauchen)* 7
ployer *(sich biegen, beugen)* . 15
poindre *(sprießen, anbrechen)* .... déf.
polir *(polieren)* 17
poncer *(abschleifen)* 6
pondre *((Eier) legen)* 61
pontifier *(dozieren, belehren)* . 4
porter *(tragen)* 3
poser *(stellen, legen, setzen)* . 3
posséder *(besitzen)* 12
pourrir* *(ver-, faulen)* 17
poursuivre *(verfolgen, jagen)* 67
pourvoir à/de *(sorgen für, ausstatten)* ... 56
pousser *(wachsen, schieben, stoßen)* 3
pouvoir *(können)* 57
pratiquer *(praktizieren, ausüben)* 3
précéder *(vorangehen)* 12

prêcher *(predigen)* 3
précipiter (se) *(beschleunigen, sich stürzen)* 3
prédire *prés.*: (vous) prédisez *(vorhersagen)* 37
préférer *(lieber tun, vorziehen)* 12
préjuger de qc *(einer Sache vorgreifen)* 7
prélever *(entnehmen)* 11
prémunir (se … contre) *(schützen, sich schützen)* 17
prendre *(nehmen)* 58
préoccuper (se … de) *(beunruhigen, Sorge bereiten, sich sorgen um)* 3
préparer *(vorbereiten)* 3
présager *(bedeuten (für die Zukunft))* 7
prescrire *(verschreiben)* 39
présenter (se) *(vor-, darstellen, sich vorstellen)* 3
présider *(den Vorsitz haben)* 3
pressentir *(ahnen)* 52
presser *(eilen, aus-, pressen)* 3
prétendre *(behaupten, vorgeben)* 61
prêter *(leihen, ausleihen)* 3
prévaloir (se … de) *subj. prés.*: que je prévale *(siegen, die Oberhand gewinnen, geltend machen)* 70
prévenir *(benachrichtigen)* 71
prévoir *(vorhersehen)* 59
prier *(beten, bitten)* 6
priver (se) *(berauben, vorenthalten, sich einschränken)* 3
privilégier *(privilegieren)* 4
procéder *(verfahren)* 12
procréer *(zeugen, gebären)* 5
procurer *(be-, verschaffen)* 3
produire *(erzeugen, produzieren)* 27
proférer *((Beleidigungen) ausstoßen)* 12
profiter de *(aus-, nutzen, profitieren)* 3
programmer *(programmieren, planen)* 3
projeter *(planen, herausschleudern)* 9
proliférer *p.p. inv.* *(wuchern)* 12
prolonger *((zeitlich) verlängern)* 7
promener (se) *(spazieren führen, gehen)* 11
promettre *(versprechen)* 47
promouvoir *p.p.*: promu *(befördern, fördern)* 50
prôner *(vertreten, verteidigen)* 3
prononcer *(aussprechen)* 6
propager (se) *(verbreiten, sich verbreiten)* 7
proposer *(vorschlagen)* 3
proroger *((Vertrag) verlängern)* 7
proscrire *(verbieten, verbannen)* 39
prospérer *p.p. inv.* *(blühen, gut gehen)* 12
protéger (se) *(schützen, sich schützen)* 7 + 12
protester *(protestieren, sich wehren)* 3
prouver *(beweisen)* 3
provenir* de *(herrühren)* 71
provoquer *(verursachen, provozieren)* 3
psalmodier *(Psalmen lesen, herunterleiern)* 4
publier *(veröffentlichen)* 4
punir *((be)strafen)* 17
purger *(säubern)* 7
purifier *(reinigen)* 4
putréfier (se) *(verfaulen)* 4

Q

qualifier (se) *(bezeichnen, qualifizieren, sich qualifizieren)* 4
quantifier *(in Zahlen fassen, quantifizieren)* 4
quérir *(suchen)* déf.
quitter *(verlassen)* 3

R

rabattre *(herunterklappen, -drücken)* 24
raccommoder *(stopfen)* 3
raccourcir *(kürzer werden, kürzen)* 17
racheter (se) *(zurückkaufen)* 11
raconter *(erzählen)* 3
radier *(aus-, streichen, löschen)* 4
radiographier *(röntgen)* 4
radoucir (se) *(sich besänftigen, milder werden)* 17
raffermir (se) *(fester, straffer werden)* 17
rafraîchir (se) *((sich) abkühlen, kühler werden)* 17
rager *p.p. inv.* *(sich ärgern)* 7
raidir (se) *(steif machen, sich versteifen)* 17
raisonner *(argumentieren, zur Vernunft bringen)* 3
rajeunir* *(verjüngen, sich jünger fühlen)* 17
ralentir *(langsamer fahren)* 17
rallier (se … à) *(vereinen, sich anschließen)* 4
rallonger *(länger machen)* 7
ramasser *(ein-, sammeln, aufheben)* 3
ramener *(wieder herbringen, mitbringen)* 11
ramer *(rudern)* 3
ramifier *(verzweigen)* 4
ramollir *(weich machen)* 17
rancir *(ranzig werden)* 17
ranger (se) *(aufräumen, sich aufstellen)* 7
rapatrier *(in die Heimat zurückbringen)* 4
rapiécer *(flicken)* 6 + 12
rappeler qc à qn (se … qn/qc) *(erinnern, sich erinnern)* 8
rapporter (se … à) *(zurück-, mitbringen, berichten, sich beziehen auf)* 3
rapprocher (se) *(zusammenrücken, sich nähern)* 3
raréfier (se) *(verdünnen, dünner werden)* 4
raser (se) *(rasieren, sich rasieren)* 3

rassasier *(sättigen, befriedigen)* 4
rassembler (se) *(zusammentragen, (sich) versammeln)* .. 3
rasseoir *(sich wieder setzen)* . 23
rasséréner *(beruhigen)* 12
rassurer *(beruhigen)* 3
ratifier *(ratifizieren)* 4
rattraper *(einholen, nachholen)* 3
ravager *(verwüsten, verunstalten)* 7
ravir *(begeistern, bezaubern)* 17
rayer *(zerkratzen, durchstreichen)* 13
réagir *p.p. inv. (reagieren)* .. 17
réaliser *(verwirklichen, ausführen)* 3
réapparaître* *(wieder auftauchen)* 28
réapprendre *(noch einmal lernen)* 58
rebattre *(wieder aufarbeiten)* 24
rebondir *p.p. inv. (zurückprallen)* 17
receler *(sich verbergen)* 10
recéler *(siehe* receler*)* 12
recevoir *(empfangen, erhalten)* 60
recharger *(wieder aufladen)* .. 7
réchauffer (se) *(aufwärmen, sich wärmen)* 3
rechercher *(suchen, er-, forschen,)* 3
réciter *(aufsagen, rezitieren)* . 3
réclamer *(fordern, sich beschweren)* 3
récolter *(ernten)* 3
recommander *(empfehlen)* 3
recommencer *(wieder beginnen)* 6
récompenser *(belohnen)* 3
réconcilier (se) *(versöhnen, sich aussöhnen)* 4
reconduire *(zurückbringen)* .. 27
reconnaître (se) *(erkennen, anerkennen, sich wiedererkennen)* 28
reconquérir *(wiedererobern)* . 20
reconsidérer *(noch einmal überdenken)* 12
reconstruire *(wieder aufbauen)* 27
reconvertir (se) *(umwandeln, umschulen)* 17
recopier *(abschreiben, kopieren)* 4
recoudre *(wieder annähen, (Wunde) nähen)* 29
recourir à qn/qc *(sich an jdn. wenden, sich einer Sache bedienen)* 30
recouvrir *(bedecken, beziehen)* 31
recréer *(neu er-, schaffen)* ... 5
récrier (se) *(laut aufschreien, Einspruch erheben)* 4
récrire *(neu schreiben, zurückschreiben)* 39
recroître *p.p. inv.*: recrû *(wieder wachsen)* 19
rectifier *(berichtigen, korrigieren)* 4
recueillir (se) *(sammeln, einholen, sich sammeln)* ... 35
recuire *(noch einmal/ länger kochen)* 27
reculer *(zurückgehen, rückwärts gehen)* 3
récupérer *(wiedererlangen)* .. 12
redéfaire *(wieder auftrennen)* 41
redescendre* *(wieder herunterkommen)* .. 61
redevenir* *(wieder werden)* .. 71
rédiger *(abfassen, redigieren)* . 7
redire *(nochmals sagen)* 37
redoubler *(verdoppeln, sitzenbleiben)* 3
redouter *(fürchten)* 3
redresser (se) *(heben, sich aufrichten)* 3
réduire *(reduzieren, einschränken)* 27
réécrire *(nochmals schreiben)* 39
réélire *(wieder wählen)* 46
réexpédier *(zurück-, weiterbefördern)* 4
refaire *(wieder tun, von vorne anfangen)* 41
référer (se ... à) *(sich beziehen auf)* 12
refermer *(wieder schließen)* ... 3
réfléchir *(überlegen)* 17
refléter *(zurückstrahlen)* 12
refondre *(wieder schmelzen, überarbeiten)* 61
réfréner *(zügeln, mäßigen)* .. 12
réfrigérer *(kühlen)* 12
refroidir (se) *(kalt werden, (sich) abkühlen)* 17
réfugier (se) *(sich flüchten)* .. 4
refuser *(ablehnen)* 3
regarder *(ansehen, betrachten)* 3
régénérer (se) *(neu bilden, sich regenerieren)* 12
régir *(regeln, regieren)* 17
régler *(regeln, einstellen)* ... 12
régner *(herrschen)* 12
regorger de *p.p. inv. (im Überfluss besitzen)* 7
regretter *(bedauern)* 3
réinscrire (se) *(wieder anmelden, einschreiben, sich zurückmelden)* 39
réinsérer *(wieder eingliedern)* 12
réintégrer *(wieder eingliedern)* 12
réintroduire *(wieder einführen)* 27
réitérer *(wiederholen)* 12
rejaillir *p.p. inv. (auf-, hochspritzen)* 17
rejeter *(zurückwerfen)* 9
rejoindre (se) *((wieder) treffen, einholen, sich treffen)* 45
réjouir (se ... de) *(sich freuen)* 17
relancer *(wieder ankurbeln)* ... 6
relayer (se) *(ablösen, sich ablösen)* 13
reléguer *(abschieben, verbannen)* 12
relever (se) *(aufheben, hochschlagen, notieren, aufstehen)* 11
relier *(verbinden, anschließen)* 4
relire *(noch einmal lesen)* ... 46
reloger *(umquartieren)* 7
reluire *p.p. inv.*: relui *(glänzen, schimmern)* 27
remanier *(umarbeiten, umbilden)* 4

remarier (se) *(wieder heiraten)* 4
remarquer *(bemerken)* 3
remblayer *(auffüllen, aufschütten)* 13
rembourser *(zurück-, erstatten)* 3
rembrunir (se) *(sich verfinstern)* 17
remédier à *p.p. inv.* *(heilen, beheben)* 4
remercier qn *(danken)* 4
remettre (se) *(wieder hinstellen, überreichen, sich erholen)* .. 47
remmener *(zurückbringen)* ... 11
remodeler *(neu gestalten)* ... 10
remonter* *((wieder) hinaufgehen, -fahren, -tragen, steigen)* ... 3
remplacer *(ersetzen)* 6
remplir (se) *(füllen, ausfüllen, sich füllen)* 17
remuer *(bewegen, rühren)* 3
rémunérer *(vergüten, entlohnen)* 12
renaître ⊖ *p.p.* *(wieder geboren werden)* ... 51
renchérir *p.p. inv.* *(sich verteuern)* 17
rencontrer (se) *(treffen, sich begegnen)* 3
rendormir *(wieder zum Einschlafen bringen)* 38
rendre *(zurückgeben)* 61
renfermer *(enthalten)* 3
renforcer *(verstärken)* 6
rengorger (se) *(sich aufplustern)* 7
renier *(ver-, leugnen)* 4
renoncer à *(verzichten)* 6
renouveler *(erneuern, verlängern)* 8
renseigner (se) *(Auskunft geben, sich erkundigen)* 3
rentrer* *(nach Hause gehen, hineingehen, -bringen, -passen)* 3
renverser (se) *(umstoßen, umdrehen, umfallen)* 3
renvoyer *(zurückschicken)* ... 16
répandre (se) *(verbreiten, verschütten, sich ver-, ausbreiten)* 61
reparaître* *(wieder erscheinen)* 28
réparer *(reparieren)* 3
repartir* *(wieder abfahren)* .. 52
répartir *(ver-, auf-, zuteilen)* 17
repasser *(wieder vorbeigehen, bügeln)* 3
repeindre *(neu streichen)* 53
repentir (se ... de) *(bereuen)* 52
repérer (se) *(ausfindig machen, sich zurechtfinden)* 12
répertorier *(in ein Register aufnehmen)* 4
répéter (se) *(wiederholen, proben, sich wiederholen)* .. 12
replacer *(zurückstellen)* 6
replier *(wieder zusammenfalten, zurückziehen)* 4
répliquer *(erwidern)* 3
replonger (se) *(wieder ein-, tauchen, sich wieder vertiefen)* 7
répondre *(antworten)* 61
reposer (se) *(sich ausruhen)* .. 3
repousser *(wegschieben, zurückweisen, abwehren)* ... 3
reprendre *(wieder nehmen, übernehmen)* 58
représenter (se ... qc) *(darstellen, vertreten, sich etw. vorstellen)* 3
reprocher (se ... qc) *(vorwerfen, sich wegen etw. Vorwürfe machen)* 3
reproduire (se) *(sich wiederholen, sich fortpflanzen)* 27
répudier *(verschmähen)* 4
requérir *(bitten, ersuchen)* .. 20
réserver *(reservieren)* 3
résilier *((Vertrag) kündigen)* .. 4
résister à *(sich wehren, widerstehen)* 3
résonner *(wider-, hallen)* 3
résoudre (se ... à) *p.p.*: résolu *(lösen, sich entschließen)* .. 18
respecter *(achten, respektieren)* 3
respirer *(atmen)* 3
resplendir *p.p. inv.* *(glänzen, funkeln)* 17
ressaisir (se) *(sich wieder fangen)* 17
ressembler à (se) *(ähneln, gleichen, sich ähneln)* 3
ressemeler *(neu besohlen)* 8
ressentir *(spüren, merken)* ... 52
resservir *p.p. inv.* *(noch einmal benutzt werden)* 65
ressortir* *(nochmals weggehen, hervortreten, -holen)* 52
ressouvenir (se ... de) *(sich erinnern)* 71
ressurgir *(wieder auftauchen)* 17
rester* *(bleiben)* 3
restreindre (se) *(beschränken, sich einschränken)* 53
résulter* de *(sich ergeben aus)* 3
resurgir *p.p. inv.* *(siehe* ressurgir*)* 17
rétablir (se) *(wiederherstellen, genesen)* 17
retarder *(aufhalten, verzögern)* 3
retenir (se) *(zurück-, halten, sich beherrschen)* 71
retentir *p.p. inv.* *(ertönen, widerhallen)* 17
retirer (se) *(ausziehen, weg-, herausnehmen, abheben, sich zurückziehen)* 3
retomber* *(wieder fallen, zurückfallen)* 3
retordre *(zwirnen)* 61
retourner* *(zurückgehen, umdrehen)* 3
retransmettre *(weiterleiten, übertragen)* 47
rétrécir *(enger machen, einlaufen)* 17
retrouver *(wiederfinden)* 3
réunifier *(wiedervereinigen)* .. 4
réunir (se) *(sammeln, sich treffen)* 17
réussir *(Erfolg haben, gelingen)* 17
revaloir *(vergelten)* 70
réveiller *(wecken)* 3
révéler *(enthüllen, aufdecken)* 12
revendre *(weiter-, verkaufen)* 61
revenir* *(zurückkommen)* ... 71

rêver *(träumen)* 3
revêtir *(anziehen, aufweisen)* 72
revivifier *(zu neuem Leben erwecken)* 4
revivre *(fortleben, wieder erleben)* 73
revoir (se) *(wiedersehen, sich wiedersehen)* 74
rincer *(abspülen)* 6
rire *(lachen)* 62
risquer *(wagen, riskieren)* 3
rôder *(herumstreifen)* 3
rompre *(unter-, abbrechen)* 63
ronger *(nagen, zerfressen)* 7
rosir *(erröten, rosa färben)* 17
rôtir *(braten, schmoren)* 17
rougeoyer *p.p. inv.* *(rötlich schimmern)* 15
rougir *(erröten, rot färben)* 17
rouler *(rollen, fahren)* 3
rouspéter *p.p. inv.* *(meckern, schimpfen)* 12
rouvrir *(wieder öffnen)* 31
rugir *p.p. inv.* *(brüllen, toben)* 17
ruiner (se) *(ruinieren, sich ruinieren)* 3
ruisseler *(rieseln)* 8
ruser *(listig sein)* 3

S

saccager *(plündern, verwüsten)* 7
sacrifier (se) *(opfern, sich opfern, sich aufopfern)* 4
saillir *déf.: nur 3. Pers.* *(hervortreten, -springen)* 22
saillir *déf.: nur 3. Pers.* *(decken)* 17
saisir (se ... de) *(ergreifen, erfassen, sich bemächtigen)* 17
saler *(salzen)* 3
salir (se) *(verschmutzen, sich schmutzig machen)* 17
saluer *(grüßen)* 3
sanctifier *(heiligen)* 4
saper (se) *(untergraben, sich in Schale werfen)* 3
satisfaire *(zufrieden stellen)* 41
sauter *(springen)* 3
sauvegarder *(schützen, sichern)* 3
sauver (se) *(retten, flüchten)* 3
savoir *(wissen, können)* 64
scier *(ab-, zer-, sägen)* 4
sécher (se) *(aus-, ver-, trocknen, sich abtrocknen)* 12
secouer *(schütteln, erschüttern)* 3
secourir qn *(jdm. Hilfe leisten)* 30
sécréter *(absondern)* 12
séduire *(verführen)* 27
sembler *(scheinen, aussehen)* 3
semer *(säen)* 11
sentir *(fühlen, riechen)* 52
seoir *(kleiden, passen)* déf.
séparer (se) *(trennen, sich trennen)* 3
serrer (se) *(drücken, zusammenrücken)* 3
sertir *((Edelstein) fassen)* 17
servir (se) *(bedienen, nützlich sein, sich bedienen, benutzen)* 65
sévir contre *p.p. inv.* *(mit aller Strenge vorgehen gegen)* 17
sevrer *(abstillen, entziehen)* 11
sidérer *(verblüffen)* 12
siéger *p.p. inv.* *(tagen, seinen Sitz haben)* 7 + 12
siffler *(pfeifen)* 3
signaler *(melden)* 3
signer *(unterschreiben)* 3
signifier *(bedeuten)* 4
simplifier *(vereinfachen)* 4
singer *(nachäffen, -machen)* 7
situer (se) *(situieren, ansiedeln, liegen)* 3
skier *p.p. inv.* *(Ski laufen)* 4
soigner *(pflegen)* 3
solidifier *(verfestigen)* 4
songer *p.p. inv.* *(denken)* 7
sonner *(klingeln, läuten, klingen)* 3
sortir* *(hinaus-, weggehen, hinausbringen, herausholen)* 52
soucier (se ... de) *(sich kümmern um)* 4
soudoyer *(dingen, bestechen)* 15
souffler *(wehen, blasen)* 3
souffleter *(ohrfeigen)* 9
souffrir *(leiden)* 31
souhaiter *(wünschen)* 3
souiller *(besudeln, beschmutzen)* 3
soulager *(erleichtern, lindern)* 7
soulever *(hoch-, heben)* 11
soumettre (se) *(unterziehen, -werfen, sich unterwerfen)* 47
soupçonner *(verdächtigen)* 3
souper *(zu Abend essen)* 3
soupeser *(mit der Hand abwiegen, abwägen)* 11
soupirer *(seufzen)* 3
sourire *(lächeln)* 62
souscrire *(unterschreiben)* 39
sous-entendre *((stillschweigend) voraussetzen)* 61
soustraire ⊖ *p.s.*, ⊖ *subj. imp.* *(subtrahieren)* 68
soutenir *(stützen, unterstützen)* 71
souvenir (se ... de) *(sich erinnern)* 71
spécifier *(genau angeben)* 4
spolier *(berauben)* 4
statufier *(erstarren lassen)* 4
sténographier *(stenografieren)* 4
strier *(riffeln)* 4
stupéfier *(verblüffen)* 4
subir *(ertragen, erleiden)* 17
submerger *(überschwemmen)* 7
subordonner *(unterordnen)* 3
subvenir à *p.p. inv.* *(aufkommen für)* 71
succéder à (se) *p.p. inv.* *(folgen auf, aufeinander folgen)* 12
sucer *(lutschen, saugen)* 6
suffire *(genügen)* 66
suggérer *(vorschlagen)* 12
suivre (se) *(folgen, verfolgen, aufeinander folgen)* 67

suppléer à qc *(ersetzen)* 5
supplier *(inständig bitten)* 4
supporter *(ertragen)* 3
supposer *(annehmen, voraussetzen)* 3
supprimer *(beseitigen, abschaffen, streichen)* 3
surcharger *(überladen)* 7
surélever *(erhöhen)* 11
surenchérir *p.p. inv. (höher bieten)* 17
surgeler *(tiefkühlen)* 10
surgir *p.p. inv. (auftauchen)* . 17
surmener (se) *(überbeanspruchen, sich übernehmen)* . . . 11
surnager *p.p. inv. (an der Oberfläche schwimmen)* 7
surprendre *(überraschen)* 58
surveiller *(überwachen, aufpassen)* 3
survenir* *(unerwartet eintreten, ereignen)* 71
survivre *p.p. inv. (überleben)* 73
suspendre *(aufhängen, unterbrechen)* 61

T

tacher (se) *(beflecken, sich schmutzig machen)* 3
tâcher de *(versuchen, sich bemühen)* 3
tailler *(an-, spitzen, zuschneiden)* 3
taire (se), *prés.:* il tait, *p.p.:* tu(e) *(ver-, schweigen)* 54
tancer *(rügen, tadeln)* 6
taper *(schlagen, klopfen, tippen)* 3
tapir (se) *(sich verkriechen)* . 17
tarder *(auf sich warten lassen)* 3
tarir (se) *(austrocknen, versiegen)* 17
tâter *(ab-, tasten)* 3
teindre *(färben)* 53
télégraphier *(telegrafieren)* . . . 4
téléphoner *(telefonieren, anrufen)* 3
témoigner *(bezeugen)* 3
tempérer *(mäßigen, mildern)* 12
tendre (se) *(spannen, ausstrecken, anstreben, sich verschlechtern)* 61
tenir (se) *(halten, führen, stattfinden)* 71
tenter *(versuchen, reizen)* 3
terminer (se)*(beenden, zu Ende gehen)* 3
ternir *(trüben)* 17
terrifier *(in Angst und Schrecken versetzen)* 4
téter *(saugen, stillen)* 12
tiédir *(lauwarm werden)* 17
tirer *(ziehen, schießen)* 3
tisser *(weben)* 3
tolérer *(dulden, zulassen)* . . . 12
tomber* *(fallen)* 3
tondre *(scheren, mähen)* 61
tonifier *(stärken, kräftigen)* . . 4
tonneler *((Vögel) fangen, Fallen stellen)* 8
tordre (se) *(ver-, drehen, ver-, biegen, sich krümmen)* 61
toréer *p.p. inv. (als Torero auftreten)* 5
torréfier *(rösten)* 4
toucher (se) *(berühren, treffen, sich berühren)* 3
tourmenter (se) *(quälen, sich Sorgen machen)* 3
tourner (se) *((sich) drehen, abbiegen, sich umdrehen)* . . . 3
tournoyer *p.p. inv. (sich im Kreis drehen)* 15
tousser *(husten)* 3
tracer *(auf-, zeichnen, skizzieren)* 6
traduire (se ... par) *(übersetzen, sich äußern in)* 27
trahir (se) *(verraten, sich verraten)* 17
traîner *(schleppen, bummeln)* . 3
traire *(melken)* 68
traiter *(behandeln, verarbeiten)* 3
trancher *(durchschneiden, eine Entscheidung treffen)* . . 3
transcrire *(abschreiben, transkribieren)* 39
transférer *(verlegen, -setzen, überweisen)* 12
transformer *(verwandeln, verarbeiten)* 3
transiger *p.p. inv. (einen Kompromiss schließen)* 7
transmettre *(weitergeben, -leiten)* 47
transparaître *p.p. inv. (durchscheinen)* 28
transpercer *(durchbohren, -stechen)* 6
transporter *(transportieren, befördern)* 3
travailler *(be-, arbeiten)* 3
traverser *(über-, durchqueren)* 3
travestir (se) *(verfälschen, sich verkleiden)* 17
trembler *(zittern)* 3
tremper *(durchnässen, eintunken)* 3
tressaillir *p.p. inv. (zusammenzucken)* 22
trier *(auswählen, sortieren)* . . . 4
tromper (se) *(betrügen, täuschen, sich irren)* 3
trompeter *(trompeten)* 9
troubler (se) *(stören, verwirren, sich trüben)* 3
trouer *(ein Loch machen)* 3
trouver (se) *(finden, sich befinden)* 3
tuer (se) *(umbringen, töten, sich umbringen)* 3
tuméfier (se) *(anschwellen (lassen))* 4
tutoyer (se) *(duzen, sich duzen)* 15

U

ulcérer *(tief kränken)* 12
unifier *(vereinen, vereinheitlichen)* 4
unir (s') *(vereinigen, verbinden, sich vereinigen)* . 17
urger *(dringend/eilig sein)* 7

V

Z